医療と看護ケアのための
ライフレヴュー

安藤満代 著

大学教育出版

はじめに

　本書の書名は、「医療と看護ケアのためのライフレヴュー」である。高齢者は、ライフサイクルのなかでは死に最も近い時期におり、またがん患者は、病気のなかでも死を想起しやすい状況にあるといえるだろう。だからこそ、高齢者やがん患者は、自分がどのような人生を辿ってきたのかを振り返り、そして、今からの人生をどう生きていくのかを改めて、考え直すことが多い。その行為のなかで、自分の存在意義やアイデンティティを確認しなおし、これからの時間をより満足できるように生きようとする。すなわち、「死を思うと同時に、生を思う」ということは、よりよく生きることにつながると思われる。

　約10年前に、「終末期のがん患者を対象にライフレヴューをすることは、心理面に良い効果があるのではないだろうか」と筆者は考えたが、当時、受け入れてくれるところは少なかった。そのようなかで、ある病院の医師に調査の協力を依頼して、調査の内容をスタッフのカンファレンスで説明したところ、「どこでするのか」「誰がするのか」「患者さんに悪い影響があったらどうするのか」「効果があるのか」など、多くの質問に合い、前途多難な感じだった。そのとき、ある医師が、「やってみないとわからないだろう。また、何か一つ心理の介入をしたからといって、目に見えて、ぐんぐん患者さんが変わることはないだろう。しかし、患者さんになんらかのプラスになると思われるなら、やってみる価値はあるだろう」ということで、調査を始めることができた。それから、約10年の間、がんの患者さんを対象とした研究を積み上げて、本書にまとめることができた。

　本書が、みなさまの学習、臨床での仕事、研究などに役立つことを心から願っています。

2012年3月

　　　　　　　　　　　　　　　　　　　　　　　　　　　　　　　　　　　　　著　者

医療と看護ケアのためのライフレヴュー

目　次

はじめに……………………………………………………………………………………… 1

第1章 回想法とライフレヴューの概論……………………………………………… 7
  1. ライフレヴューとは　7
  2. 回想法の一般的な実施方法　8
  3. 高齢者を対象とした回想法の調査　9
    （1） 対象と方法　9
    （2） 結果と考察　10

第2章 ハンセン病回復者に対するライフレヴューインタビューの事例………… 12
  （1） 事例1　田中氏へのライフレヴューインタビュー　12
  （2） 事例2　川野氏へのライフレヴューインタビュー　14
  （3） 事例3　花野氏へのライフレヴューインタビュー　15
  （4） 事例4　北山氏へのライフレヴューインタビュー　17
  （5） 事例5　浜野氏へのライフレヴューインタビュー　18

第3章 がん患者へのライフレヴュー………………………………………………… 20
  1. がん患者とは　20
    （1） がんに対する近年の動向　20
    （2） がん患者の苦痛　21
    （3） 精神的心理的苦痛　21
    （4） スピリチュアルペイン　23
  2. がん患者に対するライフレヴューの先行研究　24

第4章 がん患者へのライフレヴューに関する研究………………………………… 27
  1. 治療中のがん患者への構造的ライフレヴュー　27
    （1） 対象と方法　27
    （2） 結果と考察　28
  2. 終末期がん患者を対象とした構造的ライフレヴューの効果　30
    （1） 対象と方法　31
    （2） 結果と考察　32
  3. 終末期患者を対象とした短期回想法を用いた研究　34
    （1） 対象と方法　34
    （2） 結果と考察　35

4．遺族に対するライフレヴューを用いた研究　*35*

　　　（1）対象と方法　*36*

　　　（2）結果と考察　*36*

第5章　ライフレヴューの実践方法　………………………………………*38*

　　1．ライフレヴューの目的とコミュニケーション技術　*38*

　　　（1）ライフレヴューでの基本的態度　*38*

　　　（2）コミュニケーション技法　*39*

　　2．がん患者にライフレヴューをするために必要な条件　*42*

　　　（1）対象の条件　*42*

　　　（2）実施する人の条件　*43*

　　　（3）実施前の準備　*45*

　　　（4）実施上での留意点　*45*

　　3．がん患者への構造的ライフレヴューの実践方法　*47*

　　　（1）実施の方法　*47*

　　　（2）構造的ライフレヴューのプログラム　*49*

　　　（3）テーマごとのライフレヴューのプログラム　*49*

　　4．短期回想法の実践方法　*49*

　　　（1）方法　*49*

　　　（2）短期回想法の実際のプロトコル　*52*

　　　（3）ロールプレイのためのシナリオ　*53*

　　　（4）実践しましょう　*55*

第6章　ライフレヴューの実践事例　………………………………………*57*

　　1．終末期がん患者への構造的ライフレヴューの事例　*57*

　　　（1）面接の経過　*57*

　　　（2）面接の結果　*60*

　　2．短期回想法の事例　*61*

　　　（1）面接の経過　*61*

　　　（2）面接の結果　*63*

　　3．遺族へのライフレヴュー（ビリーブメント・ライフレヴュー）の事例　*63*

　　　（1）面接の経過　*63*

　　　（2）面接の結果　*65*

あとがき……………………………………………………………………………*66*

第 1 章
回想法とライフレヴューの概論

1. ライフレヴューとは

　高齢者が過去を回想することに対して、以前はあまり良く思われていなかった。しかし、アメリカの精神科医バトラー（Butler）[1]は、高齢者が過去を語ることは自然なことであり、それは高齢者の心理社会的側面に良い効果があると提唱し、高齢者への心理社会的側面への支援の方法として有効であると意義づけたことが回想法の始まりとされる。さらに、エリクソン（Erikson）[2]は、高齢者が人生を回想することは、人生最後の発達課題を達成することに有効であると述べている。エリクソンの発達理論では「人の発達や成熟は各発達段階における危機（crisis）を解決することで進み、死が近い老年期では『自我の統合』が課題である。この課題が達成されれば、自分の人生は意味が深いものであったと考え、安寧な死を迎えることができる。しかし、達成されない場合は罪や後悔を感じ、絶望に至る」と述べている。この理論を元にして、バトラーは「人生を振り返るライフレヴューは、現在、過去、未来をつなぐ機会を作り、『自我の統合』を達成するために必要な過程である。一般的に死が近いと考えられる高齢者がライフレヴューをすることは、普遍的な自然なプロセスである」と言い、回想法を一つの療法として位置づけた。それ以後、回想法は、高齢者を対象とした施設や病院、地域など、さまざまな領域で実践されるようになった。

　それでは「回想法」と「ライフレヴュー」は類似した言葉のように思われるが、実際にはどうであろうか。回想法を大きく大別すると、「回想法」と「ライフレヴュー」があるが、その区別については未だ定まっていないのが現状である[3]。ただ、一般的には「回想法」は非構造的で、その時間を楽しむというレクレーションの要素が大きく、思い出の肯定的な面について話題にすることが多い。

　一方、「ライフレヴュー」は「個別に面接し、良かったと思える思い出も、悪かった思える思い出も両方を回想し、現在の視点からそれらを評価していくことが効果的である」と考えられている[4]。ライフレヴューでは、①過去の問題の解決と再組織化や再統合を図る、②アイデンティティの形成に役立つ、③自己の連続性を確信する、④自分自身を快適

にする、⑤訪れる死のサインに伴う不安を和らげる、⑥自尊感情を高めるなどの効果があると考えられている[5]。

さらに、回想法やライフレヴューの効果に関する調査研究から「人生の満足度」「自尊感情」「認知機能」を高めたり、「抑うつ感」を低下させたり、認知症の方の問題行動の軽減などが示されている。

2. 回想法の一般的な実施方法

回想法の一般的な実施方法には、「グループ形式」で行う場合と、「個別形式」で行う場合がある。個別で行う場合には、回想をする方の個人の内面などに対する効果が特に期待でき、グループで実施するときには、対人関係や外部の人との交流を深めるなどの効果が期待でき、どのような目的で実施するのか、対象の希望は何かによって異なると考えられる。また、実施する期間についても、週に1回で1カ月実施したり、6カ月実施することなどもあり、状況に応じて異なる。

実施する人は、臨床心理士、心理療法士、看護師、介護福祉士、ソーシャルワーカ、ボランティアなどが考えられる。どの方も、回想法やライフレヴューを実施するためのトレーニングが必要である。また、回想法に参加する人は、病院の患者、健康な高齢者、高齢者用の施設入所者、認知症高齢者、デイケアなどの通所サービス利用者などが考えられる。場所も病院、施設、在宅、公民館、コミュニティセンターなどさまざまな場所で現在実施されている。

回想法を実施したとき、対象となる人が、どのように語るのかを調べた研究がある。これは、人によって回想をどのように人生や日常に活かすのか、あるいは、聞き手はどのように対処する方が良いのかに関連していると考えられる。このように、どのように語るかを分類した場合を回想の機能という。Wong & What[6]は「統合的回想」「道具的回想」「伝達交流的回想」「逃避的回想」「強迫的回想」「語り的回想」に分類した。それぞれの特徴は以下のようなものだ[7]。「統合的回想」とは、自己や他者を受け入れたり、過去の葛藤を解決したりして、理想と現実をうまく折り合わせて、過去の否定的な側面も受け入れようとする語り方をいう。「道具的回想」とは、過去の計画を思い出して、将来の活動について考えたり、過去の経験から現在の問題を解決したり、過去の経験から現在の問題を解決する方法を思い出すなどの語り方をいう。「伝達交流的回想」とは、聞き手に教えたり、楽しませたりすることを目的として、過去の出来事を詳しく話すような語り方をいう。「逃避的回想」とは、その人の人生のなかで、快適だった過去を思い出し、古き良き

時代に戻りたいと思うような語り方をいう。「強迫的回想」とは、強迫的に不快な過去の出来事を何度も思い出したり、過去の罪悪感やつらい体験や失敗にこだわるような語り方をいう。「語り的回想」とは、単に自分の自伝についてありのままを語り、価値判断が入らない語り方をいう[7]。どのような語り方も、語り手の特徴であり、聞き手は受容する態度で傾聴していくが、目的によっては、「強迫的回想法」が続く場合には、回想法を中断することを考える必要がある。

3. 高齢者を対象とした回想法の調査

　グループホームは、2001年ころから作られ、利用者は個人の居室をもち、食事などで自分でできるところは自分で行い、できない部分は職員から支援を受ける施設をいう。自立しているところは良いところであるが、一方では、個人個人の生活になり、あまり利用者同士の交流がないという場合もあった。そこで今回、軽度認知症を持つためにグループホームを利用している高齢者に対してテレビ回想法を実施した[8]。

(1) 対象と方法

　高齢者を対象とした病院に併設されたグループホームに入所中の高齢者6名が参加した。施設の職員から説明をしてもらい、本人と家族から参加の同意が得られた人を対象とした。他者と会話ができること、グループに参加できる状態と職員が判断した人であり、軽度の認知症がある人を対象とした。認知症の重症度を測定するためにNM式老年用精神状態尺度（NM式老年用精神状態尺度（NMスケール）を用いた。これは、①家事と身辺整理、②関心・意欲・交流、③会話、④記銘・記憶、⑤見当識、の5つの要因からなり、0～10点の間で評価する。6名は、60～90代（女性4名、男性2名）であった。週1回、グループホームに調査者が訪問し、全部で5回実施した。回想法として、認知症でも参加しやすいように、テーマにそってテレビを見た後に、グループで回想するというテレビ回想法を実施した。テレビ回想法に用いたビデオは、シルバーチャンネルが発行しているものであり、懐かしい話に関する内容であった。テレビ回想法を始める前に気分（気分プロフィール尺度、緊張―不安、抑うつ感、怒り―憎しみ、活力、疲労、混乱に関する質問に口頭で回答してもらい、最後回が終わった後再度、回答してもらった。

（2）結果と考察

A氏：回想法後には、緊張―不安、抑うつ感、疲労が低下した。最初は懐疑的であったが、次第に積極的に参加した。意欲、記憶、積極性、喜び、対人コミュニケーション、すべてが上昇した。

B氏：回想法後には、緊張―不安、怒り―憎しみ、疲労が低下し、活力が上昇した。特に緊張―不安が低下した。積極的に参加し、発言回数も多く、自己表現の場となったことが効果につながったと考えられた。意欲、記憶、喜び、対人コミュニケーション、すべてが上昇した。

C氏：緊張―不安、抑うつ、怒り―憎しみが顕著に低下し、混乱も少し低下した。これは、あまり自分のことを話す機会がなかったC氏が、発言するときは、楽しそうにあったことが何度も観察されたため、自己表現が効果につながったと考えられた。

D氏：回想法後は、緊張―不安、抑うつ感、疲労が上昇し、活力が低下した。これは、ライフイベントとして、回想法の途中から歩行ができなくなり、希望していた一時帰宅が延期されたことが影響していると考えられた。意欲、記憶、喜び、対人コミュニケーションは上昇したが、積極性は変化しなかった。

E氏：回想法後は、疲労、混乱が低下したが、抑うつ感が高くなった。これは、健康状態が不良になり、そのために一時帰宅ができなくなったことによると考えられた。腰の骨を骨折し、欠席があった。

F氏：回想法後では、緊張―不安、抑うつ感、怒り―憎しみが顕著に高くなった。これは、平素は大変穏やかな性格であるが、ライフイベントとして家族とのトラブルがあり、家族に対するやりきれない思いが影響していたためと考えられる。ただし、テレビ回想法の時間だけは、そのことも忘れて、グループ活動に積極的に参加していた。

　これらの結果から、ライフイベントの影響によって気分が肯定的に変化しなかった人もいるが、一方では緊張―抑うつ感、怒り―憎しみ、疲労の軽減などの気分の改善や、精神状態の改善などの肯定的な効果がみられた。また、たとえライフイベントの影響によって、尺度上では効果がみられない人に対しても、回想法を実施している時間は楽しそうにしていたという効果も観察された。これらより、グループホームを利用する高齢者の生活の質を向上させるためにライフレヴューは有効であると考えられた。

引用文献

1) Butler RN. The life review; An interpretation of reminiscence in the aged. Psychiatry, 1963, 26, 65-76.
2) Erikson, Childhood and Society. New York: W. W. Norton and Company, 1950.
3) Haber D. International Journal Aging and Human Development, 2006, 63, 153-171.
4) Haight BK. The therapeutic role of a structured life review process in homebound elderly subjects. Journal of Gerontology, 198, 43:40-44.
5) Burnside I, Haight B. Reminiscence and life review: Therapeutic interventions for older people. Nurse Practitioner, 19, 55-61.
6) Wong PTP, Watt LM. What types of reminiscence are associated with successful aging? Psychology and Aging, 1991, 6, 272-279.
7) 志村ゆず 回想法のタイプにはどのようなものがありますか 野村豊子編集代表『Q&Aでわかる回想法ハンドブック』pp8-9, 2011, 中央法規
8) 安藤満代, 小池潤 テレビ回想法がグループホームの軽度認知症高齢者の心理に及ぼす効果. 聖マリア学院紀要, 2005, 20, 13-18.

第 2 章 ハンセン病回復者に対するライフレヴューインタビューの事例

　ハンセン病は、かつてはらい病と呼ばれ、伝染病として人々に恐れられた。そのため、国は、1930年代から患者を療養所に収容するという政策をとった。病気自体は、効果のある薬が発見されて、治癒するようになった。しかし、いったん、療養所に入った人は、社会と隔絶したことや、社会の偏見などもあり、自分の故郷に帰ることができないことも少なくなかった。療養所の入所者も、現在は高齢化が進んでいる。ハンセン病回復者には、つらい過去もあったが、各々は自分の人生は大切に歩んでいる。本章では、ハンセン病回復者の方にライフレビューインタビューをした事例を紹介する。発達段階別に自由に語っていただいた。聞き取りは、療養所の許可を得て職員を通じて患者を紹介していただき、同意を得た上で実施した。名前はすべて仮名である。

（1）事例1　田中氏へのライフレヴューインタビュー

面接第1回目

　最初であったので、初回は田中さんとの信頼関係を作ることを心がけた。田中さんは、1人で食事をすることができたが、移動や入浴は介助を必要とした。ラジオを枕もとにおいて、よく聞いている様子であった。神経痛があり、動くことも自由にはできなかった。聞き取りにくいところもあったが、しっかりした口調で話をされた。

面接第2回目

　病室において車椅子に移って話しを始めた。2歳のとき熱が出て苦しんだ。その時は、「もう助からないだろう」と思われたくらいだった。父は幼少の頃に亡くなったので祖母が育ててくれた。母は一緒に暮らしていても、他の男性のところに行くことが多かった。自分は寂しかった。兄弟もいない、田舎で友人は近くにいなかった。「その頃の思い出はあまりないな」と言われた。

　尋常小学校の頃は、あまり活発な子どもではなかった。田舎町だったので、特に仕事もなく、小学校の後は祖母の畑を10年くらい手伝った。それ以外はできることがなかった。仕事を選べる時代ではなかった。母との良い思い出はなかった。その頃はイモや豆を食べていた。他のお百姓が忙しい時は手伝いに行くなどしていた。「じっとしているのも退屈

だし」と思って手伝った。

　20代に徴兵があった。徴兵が来るのは「怖い」というより「義務」と思った。30代では山や草刈りの仕事などをした。戦争では日新事変に行った。満州から韓国に行った。大変な時代を経て、今は100歳まで生きようと思うという。

[面接第3回目]

　戦争後は定職もなく、山の炭を焼く仕事をした。2〜3年働いた。そのときは同年代の人がいておもしろかった。祖母はまだ元気だった。「仕事せんことには食べていけないから仕事をした。それから自分で炭を焼く仕事を5年くらいした。忙しいくらい仕事はあった」と言う。

　40〜50代では療養所に入った。戦後病気の兆候があって病院を受診したところ、「療養所」に入ることになった。療養所について「病気なら入らなければ」と思い、抵抗する気もなかった。祖母は「元気で暮らせ」と言っていた。みんな仲良くしてくれて楽しかった。「たとえ親戚がいたとしても頼れないので療養所の中の方がいい」。園芸の仕事などをしていた。つらいこともたまにあった。「自分の体だけで食べることはできない」と思い、結婚は考えなかった。70歳のとき祖母が亡くなった。親戚がいなくて孤独だが、寂しいことはなかった。多くの人が同じ境遇だから。

　母のことが一番つらい。母は、自分勝手な人生を生きていた。父が亡くなったのが自分が3〜4歳だった。それが辛かった。ただ、今は、がんばってきた自分に満足している。体が不自由になったことも仕方ないと思う。今の楽しみは、みんなと話しをしていること。中国に行っていたことも、今は楽しく思うこともある。中国では水がない時、椰子の木に登って椰子を採ったりした。水がとてもおいしかった。今はデイルームに椰子のはちをおいている。海岸で椰子が流れ着くことがあった。今は、くよくよせず、1日を楽しく過ごすようにしている。

　病気になったことを恨んだりしていない。むしろ、保障されている感じがする。あまり先のことを心配することもなく、物事を深く考えることもない。人生にもともと求めてきたことがあまりないので。先祖を大切にする気持ちは強いが、神との結びつきを感じることは少ない。苦しいことも多かったが、あまり後悔することはない。

[まとめ]

　母親に対する恨む気持ちは変わらないものの、病気については特に恨む気持ちなどはもっていない。あまり多くを望むこともないためか、病気によって失ったものへの悲しみはあまり感じられなかった。先祖を大切にする気持ちはあるが、特に神に祈ったり、頼る気持ちはないようであった。過去についてのさまざまな経験はもう遠い過去のこととな

り、つらかった思い出も良い思い出になっているようであった。

（2） 事例2　川野氏へのライフレヴューインタビュー

⬜面接第1回目

　最初の挨拶をした後に、最近の様子などを話していただいた。近所の人がどう思っているかわからないが、この療養所では、自分はあまり深い付き合いはないという。しかし、家庭菜園を作っており、それを近所の人に配ったりしていた。勢力的な感じであった。現在も自由に動くことができており、妻と暮らしていた。かつての政策に対する強い怒りなどをもっていた。自分たちの失った時間を返してほしいという強い気持ちがある。気持ちが沈むよりも、これからも闘う気持ちが強いという。

⬜面接第2回目

　故郷は岐阜であり、幼少の頃は魚を採って遊んだ。これは良い思い出という。母は弟を生んだとき、産後の肥立ちが悪く、自分が5歳のときに亡くなった。父は9歳のときに亡くなった。自力で働かなければならない気持ちが強かった。11歳の頃、米屋で働いた。そこは給料もよく、大切にしてくれた。弟は兵隊に行った。自分も兵隊に行ったが、食料を運ぶ運転係りだったので少し楽だった。

　戦後は衣食住に困った。親戚はバラバラだった。なんとか生きていた感じ。あるとき、鼻がつまって病院へ行くと風邪と言われたが、その後も回復しなかった。大学病院に行って診察を受けると、療養所へ入ることになった。親戚や友人は離れていった。

　当時の療養所は、夫婦も独身者も同じところで生活し、狭い所で多くの人が生活していた。入って3カ月して「外出をしたい」と言うと、職員から強く拒否された。しかし、「それはおかしいのではないか」と考えた。患者がいるから職員がいるのではなく、職員がいて、患者がいるようなものだった。権利を勝ち取るために闘った。園長以外と会わないと言い、断食した。死を覚悟しており、何も怖くなかった。今は闘いのために残っている。死ぬまで闘うつもりだった。現在、自分にとって生きる意味は、人の苦しみを知り、正義感を持っていること。看護学生に歴史を話すことが生き甲斐になっている。現在の園長は「1人の人間として」お互い付き合おうとする態度があり、自分はその言葉を待っていた、と語った。

⬜面接第3回目

　不満を言っても仕方ない。人間として恥ずかしくない行動をとりたい。今は、自分に耐え、甘えず、できるだけ自分でコントロールして、忍耐と寛容で努力すべきだと思う。親戚と関係は情けない。以前お金を貸したが、そのままになっている。人間が人間を信じら

れないようではと思うので自分はその人を信じている。その人に信じてもらえなくても。

　子どもが40歳でできた。妻の骨盤が狭いので手術の必要があった。ここでは手術ができないので、園の外で手術したが、死産だった。今なら42歳の子どもがいるはずだ。しかし、それをいうと始まらない。手術のためとはいえ、外に出ることが難しかった。妊娠したときに堕胎するように勧められた。これほどむごいことがあるだろうかと思った。偏見と無知でこのようなことが起こると思う。この世に生まれたことについて、人を恨むこともできない。

　特にどの神を信じているわけではないが、自然と生命の長さに感謝の気持ちがある。自然から生かされている感じがある。小さなことをくよくよしない。人間と病気を分けて考えるべきなのに人間も一緒に評価されてきた。自分でなんでもしたい。しかし、一度ここに入ってしまうと自由に外で活動することはできない。人生を思うと切りがない。

　しかし、今は外国旅行などもするようにしている。他の国の自分と同じような境遇の人のことを知りたいと思う。

【まとめ】
　取り返しがつかない人生の時間に対して、政策に強い怒りを感じていた。心身ともに現在のところは良好であり、今後も、この問題について考えていきたい気持ちを語りを通して確認していた。

（3）事例3　花野氏へのライフレヴューインタビュー

【面接第1回目】
　挨拶などをして、最近の様子などを教えてもらった。花野さんは、エッセイや詩を書いたりしていた。何かを残したい気持ちが強いく、名を残したいという気持ちと、母から「有名になることはいけない」と言われたことを気にしており、アンビバレンツな気持ちで悩んでいた。丁寧な、落ち着いた感じの方だった。

【面接第2回目】
　故郷は京都の町中だった、すぐ近くには畑などがあり、のどかだった。10歳ころ、トンボやメダカなどを採り、自然の中に生きて楽しかった。郊外に叔父や叔母がおり、懐かしく思う。父は仕事中に事故で亡くなった。自分が4人兄弟の長男なので、父親代わりにしっかりしようとした。本来の自分は、泣き虫、弱虫だったが、家ではしっかり者でいた。自分がしきらなければと思っていた。社会は戦争の雰囲気があり、早く死ぬことを思い、その後の家族を思うと弱気になった。父が亡くなってからは戸惑い、笑いの少ない家庭だった。母親が1人でがんばっていた。金銭の関係で旧制中学には行けなかった。叔父

がお金を出してくれるといったが、母が叔父には実の子もいることから断った。神経質な性格だった。その頃、自分は膵臓が悪く、入院したことがあった。その後、13〜17歳まで軍隊訓練があったり、工場で旋盤工をしていた。友達とも軽薄な遊びはできなかった。社会的負担を感じていた。母親は色々仕事を探した。和服を縫っており、家で働いていた姿を思い出す。母親は弱く、優しい人だった。父は仕事が忙しい人だった。造幣局に勤めており、いい生活をしていた。自分では「まあまあの家庭」と思っていた。17歳の頃、薬指が曲がることがあったが、癖だろうと思っていた。この頃に病気を発症していた。

　19歳の夏、顔に斑点が出た。大学病院に行き、医師から「らい病」と言われた。岩を背負う気分だった。何もかも終わりだという気分だった。ある程度、本でこの病気を知っていたので母も落胆していた。らい病と言われ、働くのは無理だった。療養所に行くことになった。考える暇はなかった。役所の人が来て、療養所に行く話をした。そして19歳の春に療養所（園）に来た。

　その頃はまだ、園もできたばかりで、みんなで田んぼなどを開墾した。赤土ばかりで、まだ建物も十分ではなかった。差別と偏見があり、人々の視線が怖いので、早く療養所へ行きたかった。治れば早く帰りたかったが、傷ついた心理はもとには戻らない。家族のことは心配だった。手紙を送るとき、手紙を消毒されるので、弟から「臭いので手紙をくれるな」と言われた。ショックだったが、それ以降は手紙を送らなった。療養所では朝8時から夕方4時まで働いた。心がすさんだ。浮浪者のような人や乱暴な人もいて、心がすさんだ。どこから来た人か、過去も性格もわからないので仲良くはならなかった。しかし、労働では思いは同じで運命共同体だった。その頃は色々考えるより働いてぐっすり眠る生活だった。しかし、中には同年代の人が自殺していた。故郷に帰りたかった。

　入水する人もいたが、家族は引き取りに来なかった。死んでよかったという気持ちも自分にあった。また、明日は我が身という感じもした。運が悪いが、泣いている暇はなかった。600人が入所していて、次々にやって来た。共同生活は大変だった。これからの人には経験してもらいたくない。こういう状況にならないようにと思う。

面接第3回目

　多感な時期を園のなかですごした。妻は疑似らい病と言われたが、妹と弟が療養所に入っているので、そのまま自分も入ったという妻は言う。実際は病気ではなかった。自分は園制で、人事係にいたので、新しい人を迎えに行った。25〜26歳で和服を着て船に乗っていた。頼りにしてきたという。それがきっかけで結婚した。妻は健康で、人もうらやむような生活だった。最初は夫婦寮がなかったので婦人の部屋へ夜行って、朝は独身寮に帰った。人道的でないと国に訴えてから夫婦寮ができた。優生保護法の手術は医師ではなく、軍隊の衛生兵あがりの人がやるので不安だった。

妻は74歳まで生きたが、7年前に癌で亡くなった。お互いに知っていても話題にしなかった。自分は病名で嘘をついていたが、本人は本などで知っていたようだ。その喪失に関しては、有名な作家と手紙の文通をした。書くことを17～18歳からやっていた。大正文学などを読むことが好きだった。作家から、「いい文章だ」と言ってもらうことが嬉しかった。

　母親は仏教徒で、「有名人になるな」と言う。軽い気持ちになるなという意味らしい。ペンネームで生きてきた。母は84歳で亡くなった。こちらに来て、4～5年は連絡をとっていたが、家とは自分から縁を切った。「自分のことは忘れて」と言った。後悔しても始まらないと今は思う。

　らい病予防法がなくなっても実際は偏見の解決にはなっていない。机上の解決だと思う。現在の生活は充実している。実際、らい病で死ぬより他の病気で死ぬ人が多い。自分も胃が悪かったり、目は白内障だったり。死より老いが心配だ。ぼけるのがつらい。ぼけるより早く死にたいと思う。

　苦い体験を思い出そうとは思わない。過去を悼むことは自分を悼むこと。思い出はいいことだけを思い出そうとする。現在は孤独に感じることはないが、さびしい感じはある。宇宙の不思議さ、神との結びつきは強く感じる。終末期には安堵があるだろうと思う。人生に意味があると思うが、楽しんでいない。病気になった世界を引き受けるつもりでいる。

（まとめ）

　本を読んだり、物を書いたりするので、内省的であった。信心深く、僧になった母の教えを守ろうとしていた。家族とも連絡が取れず、妻も亡くなり、寂しさを感じていた。今後は、自分の文学作品を残していくことで、自己のアイデンティティを高めるように思われた。苦難のある自分の人生を引きうけることを語りで確認していた。

（4）事例4　北山氏へのライフレヴューインタビュー

面接第1回目

　ベッド上に座位になり、話をうかがった。幼少の頃は、よく広い川でフナ釣りをしたりした。祖父母が懐かしい。幼少の頃はやんちゃだった。けんかが強く勝った。6人兄弟だったので、喧嘩などして妹を泣かして親から怒られた。父は6歳のときに他界した。母は厳しく、悪いことをすると一食抜かされたりした。家は漬け物屋をしており、手伝いもした。尋常小学校のとき先生からはよく叱られた。6年のとき身体検査で病気がわかり、14歳で入所した。病気がわかったとき、母は泣いていた。

　来たばかりの時は海で貝をとるのが楽しかった。兄が面会に2回きてくれた。お菓子を

持ってきてくれた。2年くらいして来なくなった。寂しくなって泣いたりして浜で泣いていた。貝掘り、魚つりなどで毎日が過ぎた。友達は長くできなかった。なかなかなじめなかった。徐々に、テニスやスポーツをしたりした。この頃は看護婦さんも怖かった。注射が痛く、手術もあった。自分のためであったが、つらかった。ラジオを聞くことぐらいが楽しみだった。歌や漫才が好きだった。72歳の今、ひどく悲しいということもない。自分は死んだことになっている。延々と寂しかったが、今はこの方がよかったと思う。病気は仕方がない。自分だけという気持ちも薄れた。

　仏教で、仏壇に祈ると落ち着くが、深い結びつきは感じない。人生をあきらめている。思い出は、あまり過去を思い出さないようにしている。その日、その日を暮らそうとしている。神から支えられた経験がない。人生には真の目的があると思うが、苦しみに満ちている。疲労感はいつもある。生き生きした感じがない。何もできずに不自由になったことにイライラする。自分は不幸と思い、夜は寂しい。家族のことは考えても仕方ないが。心の支えになっているのは家のこと。淡々と今は毎日を過ごしている。

(まとめ)
　14歳の頃に入所し、人生のほとんどをここで過ごしてきている。スポーツや青年たちとの交わりは確かに楽しかったが、家族と別れなければならなかったこと、今も思い続けるが、家族とのつながりがないことが最も苦しい様子であった。過去を語ることよりも現在について語る方がよりよい感じがあったので、面接は1回とした。

(5) 事例5　浜野氏へのライフレヴューインタビュー
(面接第1回目)
　田舎で農家をしていた。川や田んぼが周囲にはあった。兄2人は優しかった。母も父も15歳の時に亡くなった。病気だった。自分はおとなしく、大切にされた。小学校6年間では2日休んだだけ。友人と縄跳びしたり、外で遊ぶことが多かった。祖父はお花の先生で自分も習った。同級生と楽しく過ごした。それらは良い思い出となっている。勉強もしたが、体操が好きだった。選手で走りに行ったりした。小学校6年のとき手が悪くなり、身体検査のときに病気と言われた。その頃は百姓を手伝ったりしていた。祖母の薦めで入園することになった。26～27歳のときは他の人の付き添いなどしてみんなの世話をした。楽しみは友人と遊ぶことだった。結婚はしたが、相手は肝臓が悪くて亡くなった。結婚の申し込みも多かった。戦時中では他の患者さんを防空壕に連れていくなどして忙しかった。「お母ちゃん」と周囲から言われた。人の世話ばかりした。それはまた楽しかった。婦人会長などもしたり、運動会などに何度か出たりして選手になった。現在つらいことは、自分で歩けないこと。病室でこけて大腿骨折をした。

面接第2回目

　大正生まれ。里帰りしても仕方ないと思う。兄や母は亡くなり、親戚はいないので、ここの友人が（病棟内）遊びに来てくれることが嬉しい。看護学生も遠くから来ることがあり、話をするのが楽しい。今の楽しみは歌を歌うこと。美空ひばりの歌が好き。悲しいときもその歌を歌う。

　現在の生活では、運動会などの行事が楽しい。看護婦もよくしてくれる。誕生日や夏祭りも楽しい。思い出のなかで、楽しいことを思う。現在を満足している。くよくよ考えてもどうにもならない。ただ歩けないとき、亡くなった母が迎えにきてくれないかと思う。またなんでこんな不幸になったかと思う。里帰りがあっても家族がいない。金光教なので祈ることはある。死んだら神のところへいくのだろうと思う。未来は心配していない。今までのことは仕方ないと思うし、これから先のこともそう思う。人生の目的は命を大切に過ごすこと。物事を深刻に考えない。友人に恵まれたので、くよくよ考えないことにしている。後悔することはあまりないが、自分の人生は苦しみと不幸に満ちていると思う。人生これからは安定してほしいと思う。

まとめ

　浜野さんも早くから入園し、園で人生の大半を過ごした。ここが浜野さんの生きる世界となっていた。園の歴史と社会の中で生きていた。他の人の世話をすることが生き甲斐となっており、他の方からも感謝され、そこで人間関係が形成されていた。やはり家族と別れたことが心残りと思われたが、歌を歌うこと、人と交わることなど、自分なりにそれを乗り切ってきた様子だった。語りを通して、園の中で、自分らしく生きてきたことを確認している様子であった。

　以上、5つの事例をみてきた。ハンセン病という困難な病気をもちながらも、それぞれの人生を精一杯生きていることが、この語りからうかがうことができた。ライフレヴューによって、ハンセン病回復者は、自己の在存の意味を作ろうとしているように思われた。

第 3 章 がん患者へのライフレヴュー

　前章までは、主に高齢者を対象とした、ライフレヴューの研究であったが、バトラー（Butler, R）は死を意識する終末期の患者にも、この方法が有効であることを示唆している。がんは人に死をも予想させることから、その人にとっては危機的な出来事といえる。そのようななかで、人は今までの人生を思い返し、これからの人生を歩む指針を得るように思われる。すなわち、ライフレヴューをすることによって、がんになったという危機を乗り越える方法を得ることがあると予想される。そこで、本章からは、特にがん患者を対象とした研究について述べていくことにしたい。

1. がん患者とは

（1） がんに対する近年の動向

　国民衛生の動向[1]によると、医学の進歩により、がん（悪性新生物）が治癒したり、生存期間は延びてきているが、昭和56年から平成20年度に至るまで、がんは死因の第1位であることから、多くの人にとっては脅威である。また、このような現状から、政府は、昭和59年度から「対がん10か年総合戦略」、平成6年度から「がん克服新10か年戦略」、平成15年に厚生労働省と文部科学省と共同で、「第3次対がん10か年総合戦略」を策定し、平成16年度から「がん緩急の推進」「がん予防の推進」および「がん医療の向上とそれを支える社会環境の整備」を中心に、がん対策に総合的に関わっている。さらに、平成19年4月からは、「がん対策基本法」が施行されている（図3-1）。主な計画は、「がんの予防と早期発見の推進」「がん医療の均てん化（広く広めること）の促進等」「研究の推進等」である。そして、「がん医療の均てん化の促進等（どの地域にいても、同じ医療やサービスが受けられる）」の目標のためには、「がん患者の療養生活の質の維持向上」を目指すことが掲げられていることからも、身体面へのケアのみならず、精神・心理面へのケアは、療養生活の質の向上のために必要なことと考えられる。

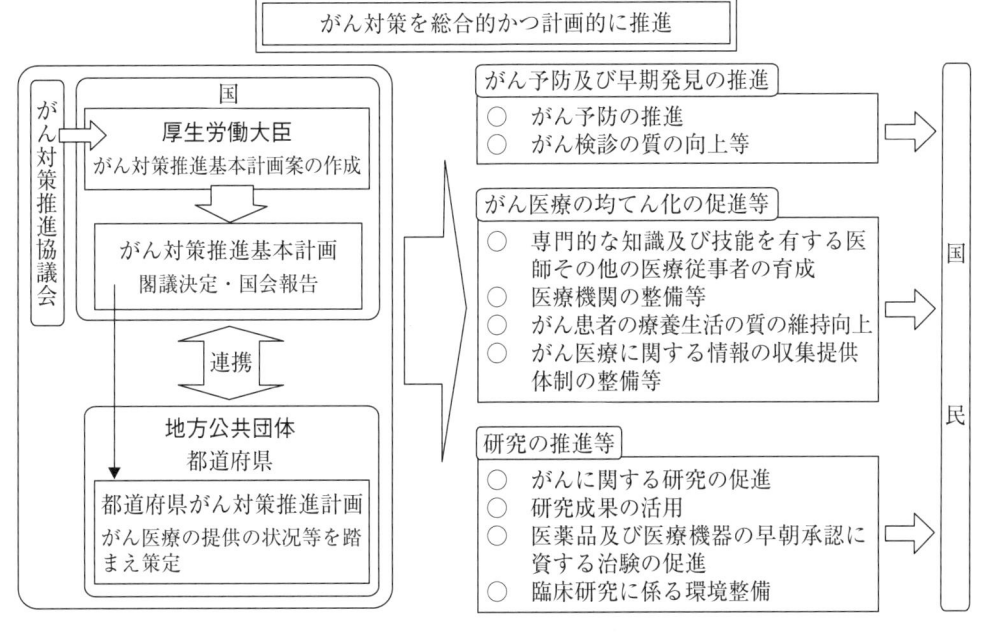

図 3-1　がん対策基本法
国民衛生の動向、p.152、2009

（2）がん患者の苦痛

　がん患者の苦痛は、大別すると、身体的苦痛、精神的・心理的苦痛、社会的苦痛、実存的・霊的苦痛（スピリチュアルペイン）があり、患者はこれらが総合された全人的苦痛（Total Pain）をもつと考えられる[2]。身体的苦痛には、原疾患によるものと放射線療法や化学療法などの治療による副作用によるものに大別される。主な症状としては、がん性疼痛、全身倦怠感、食欲不振、悪心・嘔吐、腸閉塞、便秘・下痢、腹水、嚥下困難、呼吸困難、胸水、排尿困難などがある。精神的心理的苦痛には、不安、抑うつ、適応障害、せん妄など、多岐にわたる。がん患者の40%に精神的な問題があったという研究報告[3]から考えると、がん患者の苦痛を理解し、支援することは必要なことと考えられる。社会的苦痛には、社会での役割、家庭での役割が果たせないことや、経済的な問題等があげられる。ここでは、主に精神的心理的苦痛とスピリチュアルペインについて検討することとした。

（3）精神的心理的苦痛

　がんの臨床経過（図3-2）に伴う、がん患者の心理反応としては、次のように考えらえる[4]。これらの心理反応には、がん種（がんの種類）、身体状態（痛み、ADLなど）、心理・社会・行動学的要因（コーピングなど）の影響を受けている（図3-3）。さらに、患者の心理反応は、時期によって以下のように異なっている。

　　診断時：がんが告知されたときは、「頭が真っ白」という表現のように〈衝撃〉を受

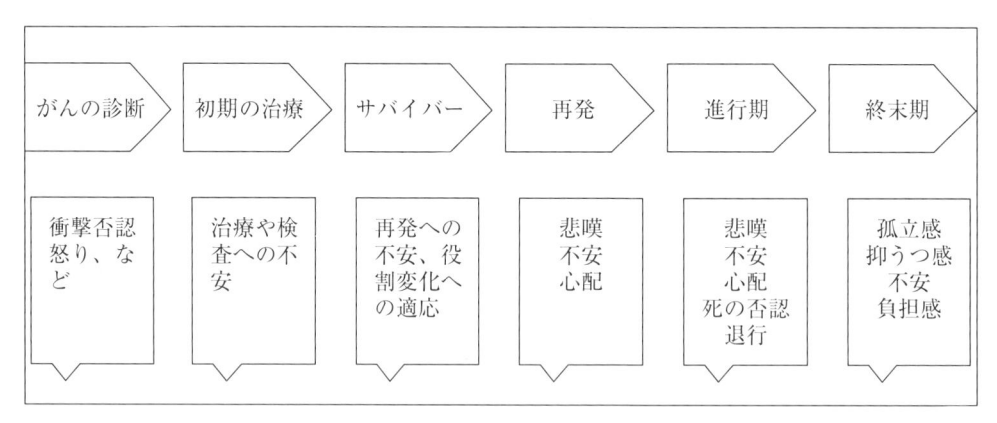

```
┌─────────────────────────────────────────────────────────────────────────┐
│ がんの診断 ▶ 初期の治療 ▶ サバイバー ▶ 再発 ▶ 進行期 ▶ 終末期         │
└─────────────────────────────────────────────────────────────────────────┘
   │         │         │          │       │         │
   ▼         ▼         ▼          ▼       ▼         ▼
 衝撃否認  治療や検査  再発への    悲嘆    悲嘆     孤立感
 怒り、な  への不安   不安、役    不安    不安     抑うつ感
 ど                  割変化へ    心配    心配     不安
                    の適応              死の否認  負担感
                                        退行
```

図3-2　がんの臨床経過に伴う心理反応の例

け、「何かの間違いだ」というような〈否認〉、「なぜ、私なの」という〈怒り〉などが中心的な反応である。詳細には、混乱、不安、恐怖、悲哀、無力感、絶望感などが感じられる。

治療初期：治療選択の問題、治療や検査への不安などを持ちやすい。

治療初期から1年間：治療が終わった安堵と、再発への不安、身体機能上や外見上での変化、社会での役割変化など、疎外感を持ちやすい。

再発：初期治療の失敗、治癒が望めない悲嘆、死を想起しやすい。

進行期：身体症状が現れ、日常生活が制限されてくる。死を否認したり、退行することもある。

終末期：自律性や自立性の喪失、孤立感、不安、抑うつ感、負担感などを感じやすい。それぞれの時期に応じた心理的支援が必要と考えられる。

がんの種類
　（乳がん、肺がん、など）
治療方法
　（手術、化学療法、放射線療法）

身体の状態
　（痛み、倦怠感、日常生活動作、
　　Performance Status、など）

心理・社会・行動学的要因
1. 基本属性
　　（性別、年齢、教育、職業）
2. 心理行動学的要因
　　（性格、コーピング、など）
3. 既往の精神疾患
　　（うつ病、気分障害など）
4. 社会的要因
　　（配偶者や子どもの有無、など）
5. 環境的要因
　　（通院方法、アクセス、など）

QOL
1. 身体的な面
2. 心理的な面
3. 社会的な面
4. スピリチュアルな面

図3-3　QOLに及ぼす要因のモデル
　　　（小川・内富、2009を改変）

（4）スピリチュアルペイン

　終末期となると、患者が生きる意味や希望を失ったり、無気力となり抑うつ感を感じることがある。以前は、「うつ状態」や「うつ病」として薬が処方されていたかもしれないが、森田・角田・井上他[5]は、終末期のがん患者のスピリチュアルペインに起因するうつ状態を、単に「うつ病」として捉えるのではなく、死を前にした人の根元的苦悩として把握すべきだということを示しており、これに対する援助の必要性を示している。

　スピリチュアリティの定義はさまざまであるが、WHO（世界保健機構）によると「スピリチュアリティとは、人間として生きることに関連した経験的一側面であり、身体感覚的な現象を超越して得た体験を表す言葉である。多くの人々にとって"生きること"がもつ霊的な側面には宗教的な因子が含まれているが、スピリチュアリティと"宗教的"とは同一ではない。霊的な因子は身体的、心理的、社会的因子を包含した人間の"生"の全体を構成する一因子とみることができ、生きる意味や目的についての関心や懸念にかかわっていることが多い。特に人生の終末に近づいた人にとっては、自らを許すこと、他の人々との和解、価値の確認などと関連していることが多い（世界保健機構、1993）」[6]と定義している。これは、スピリチュアリティとは、宗教的なものに限らず、人間の生きる意味や目的と関連すること、さらに人間の生命の質（Quality of Life: QOL）にも大きく関連していることを示していると言える。そして、意味や目的を失い、心が穏やかになれないことをスピリチュアルペインという。

　村田[7]やMurata & Morita[8]は、日本人を対象として、スピリチュアリティやスピリチュアルペインについての定義を調査研究から行っている。この苦悩（ペイン）の根源は、生きる時間が限られるという〈時間性〉に起因するもの、愛する人たちと別れなければならないなどの〈関係性〉に起因するもの、そして心身の衰えとともに自分でできることが少なくなって、他者に頼らなければならないという〈自律性〉に起因するものとした（表3-1）。これらのスピリチュアルペインに対するケアが森田・田村に示されている。そのなかで、「人生にやり残したことがある」「希望がない」など、時間性に関する苦痛に

表3-1　終末期がん患者のスピリチュアルペインとそのケア

（村田、2004）

	スピリチュアルペイン	ケアの方法
時間存在である患者は将来を失う	無意味感 無目的感 空虚	傾聴と対話 生の回顧を促す 自分史を編む
関係存在である患者は他者を失う	アイデンティティの喪失、 不安、孤独、疎外	傾聴と対話 共にいる
自律存在である患者は自律と生産性を失う	依存と負担無力	傾聴と対話 認知療法的対話

対して、人生を回顧する回想法がケアとして有効であることが示唆されている。

2. がん患者に対するライフレヴューの先行研究

ライフレヴュー、もしくは回想法をがん患者に用いた研究は未だ少ないが、発表されているものを表3-2に示す。回想法は高齢者のみに限らず、死を前にした人にも心理面の支援として効果があることが示唆されている[9),10)]。回想法とライフレヴューの相違については、前半の章で述べており、使い分けることがある。

終末期の患者に対する回想法やライフレヴューに関する先行研究では、回想法を行うためのガイドライン[11)]や手引き[12)]、事例研究[13)]、総説[14)]などが示されているが、質問紙などを使用した実証的研究ではなかった。

表3-2 がん患者に対する回想法やライフレビューに関する先行研究

作　者	論文の種類	概　要
Butler, R.(1963)	総説	死を意識する高齢者のみならず、年令にかかわらず、死を前にした方にライフレヴューは有効であろうと示唆した。
Pickrel J.(1989)	総説	回想法によって、終末期がん患者の精神的な面が向上し、満足感が得られた。
野村（1999）	総説	終末期の方の回想法の位置づけ、回想法の効果的な実施方法等について概説した。
林（1999）	事例	終末期のがん患者が面接のなかで人生を回想し、それが患者の人生の統合に有効であったことを示唆した。
小田島（1998）	総説	回想法の実施方法について、具体的に提示した。
田村・小島（1997）	質的研究	ライフレヴューは、終末期がん患者の人生や自己の存在の意味付けに有効であった。
Trueman, I. & Parker, J.(2006)	総説	コミュニティナースが終末期の患者に対してライフレビューを行うことは心理面に効果があるだろうが、そのための教育が必要であることを示唆した。
安藤（2005）	量的研究	終末期がん患者に構造的ライフレヴューを行い、スピリチュアリティが向上した。
Ando, Tsuda, Morita (2007)	質的研究	構造的ライフレヴューにおいて、どのような患者に対してより効果があるかの要因を抽出した。
Ando, Morita, Okamoto, Ninosaka,(2008)	量的研究	終末期のがん患者が完結できるように、短期回想法を作成し、Spiritual Well-being が向上した。
Ando, Morita, Akechi, Okamoto,(2009)	量的研究（無作為化比較試験）	短期回想法群と傾聴群を比較したところ、短期回想法群は、Spiritual Well-being が向上した。また、Good Death にも効果があることが示唆された。

田村・小島[15]は、看護師によるライフレヴュー・インタビューが患者の人生や存在の意味づけに有効であったことを報告している。これらの研究では、看護師やボランティアによるがん患者へのスピリチュアルな側面へのケアとして、「患者が語ること」や「人生を回想するライフレヴュー」の有効性を示唆している。林ではライフレヴューが自然発生的であったことから、終末期の患者に対するライフレヴューを構造的に実施するための方法、特にプログラムは示されておらず、スピリチュアルケアとしてのライフレヴューには言及していない。従来、対象が終末期の患者ということで、実証的な調査研究は困難と考えられていたが、近年、エビデンスがある精神的心理的な支援が必要であることが認識されるようになり、その必要性から調査研究も行われるようになってきている[16),17),18)]

引用文献

1) 厚生統計協会『国民衛生の動向』2009
2) 東原正明・近藤まゆみ『緩和ケア』医学書院, 2000
3) 内富庸介・皆川秀明・岡村仁他「終末期がん患者のコンサルテーション・リエゾン精神医学」『臨床精神医学』24, 1995, pp149-159.
4) 小川朝生・内富庸介『精神腫瘍学クイックレファレンス』創造出版, 2009
5) 森田達也・角田純一・井上聡・千原明「終末期癌患者の実存的苦痛に関する pilot study」『精神科診断学』10 (3), 1999, pp329-332.
6) 世界保健機構編, 武田文和訳『がんの痛みからの解放とパリアティブ・ケア』金原出版, 1993.
7) 村田久行「スピリチュアルペインをキャッチする」『ターミナルケア』12 (5), 2002, pp420-423.
8) Murata H, Morita T. Conceptualization of psycho-existential suffering by the Japanese Task Force: The first step of a nationwide project. Palliative & Supportive Care, 2006, 4, 276-285.
9) Butler, R. N.. The life review: An interpretation of reminiscence in the aged. Psychiatry, 1963, 26, 65-75.
10) Pickrel, J. Tell me your story: using life review in counseling the terminally ill. Death Study, 1989, 13, 127-135.
11) Wholihan D. The values of reminiscence in hospice care. American Journal of Hospice and Palliative care, 9, 33-35.
12) 野村豊子「ターミナルケアと回想法―生きていくための回想法―」『日本保健医療行動科学会年報』14 (6), 1999, pp52-60.
13) 林智一「人生の統合期の心理療法におけるライフレビュー」『心理臨床学研究』17 (4), 1999, pp390-400.
14) 小田島朗子「ターミナルケアにおける回想法」『現代のエスプリ』至文堂, 1999, pp98-105.
15) 田村恵子・小島操子「末期がん患者の人生や存在の意味づけへの援助の開発―ライフレヴューインタビューを取り入れて―」『日本看護科学学会講演集』17, 1997, pp242-243.
16) Ando M, Tsuda A, Morita T. A preliminary study of life review interviews on the spiritual well-being of terminally ill cancer patients. Support Care Cancer, 2007, 15, 225-231.
17) Ando M, Morita T, Akechi T, Okamoto T. Efficacy of Short-Term Life Review interviews on the spiritual well-being of terminally ill cancer patients. Journal of Pain Symptom Management,

39, 993-1002, 2010.
18) Ando M, Morita T, Okamoto T, Ninosaka Y. One week Short-Term Life Review interview can improve spiritual well-being of terminally ill cancer patients. Psycho-oncology, 2009, 17, 885-890.

第 4 章
がん患者へのライフレヴューに関する研究

1. 治療中のがん患者への構造的ライフレヴュー

　高齢者を対象とした研究から、発達段階的に回想をすすめる構造的ライフレヴューは心理面に肯定的な効果があることは示されているが、がん患者を対象とした研究は少ない。そこで、治療中のがん患者を対象として、構造的ライフレヴューが、がん患者の心理面、特に抑うつ感と自尊感情に効果があるかを調べた。治療中のがん患者は、治療は効果があるのかといった心配や、身体機能の変化、ボディイメージの変化、再発への不安などを感じたりして、抑うつ感を感じやすいこと、また、社会や家庭での役割交代などによって自尊感情が低下しやすいことなどから、ライフレヴューは、抑うつ感や自尊感情の改善に効果があるのかを調べた。

　さらに、がん患者は、どのようなことに関心があるのか、またどのようなテーマを中心に回想するのかを調べるために回想内容を質的に分析した。Vries, Birren, and Deutchman[1]は、「テーマを決めておくことは、ライフレヴューの過程で強迫的になることを防ぎ、視野を広げ、別の契機を建設的に発見していくことを促す」と述べ、野村[2]も「ときの流れを遡って始めから現時点までを振り返ることは、臨床・実践にそぐわない場合も多い」と指摘するように、テーマを設定することの有効性を示している。構造的ライフレヴューをしたなかから、がん患者のライフレヴューのテーマを抽出した。そして、この構造的ライフレヴューが、心理的側面、特にがん患者の症状に多くみられる抑うつ感に効果があるのか、そして高齢者と同様に自尊感情にも効果があるのかについて調べた。

（1）対象と方法

調査対象者　総合病院において放射線療法もしくは化学療法を受けている入院患者 15 名に対して、構造的ライフレヴューを行った。そのうち、録音の承諾が得られたのが 7 名であったので、7 名を質的分析の対象とした。患者は認知障害がなく、会話が成立し、最低 30 分程度の面接が可能な患者であった。

調査方法　週に一度、1 人平均 4 回の面接をした。場所は患者の希望によってベッドサ

イドや病棟内の個室であった。面接者は臨床心理士（以下、面接者とする）であり、構造的ライフレヴューを実施した。これは[3]の発達段階の各段階にそって設定された Life Review and Experience Form（FREF）を活用したもので、4つの大項目（児童期、青年期、成人期、老年期）と各項目に分類され、66の質問から成っている[4]。例えば、野村（1998）が示しているような、児童期では両親、家族の雰囲気、故郷、などについて、青年期では学校での様子、10代の印象深い思い出など、成人期では自己実現、次世代への思いなど、成人期では、加齢に対する思い、人生全般への評価、などについて質問を行った。これらの質問を利用しながら、患者に自由に語ってもらった。1回の面接で、1つの発達段階を話題にし、流れによって、2つに及ぶこともあった。その他、患者が現在、語りたい話題などにも重点をおいたが、人生全般に渡って回想するように促した。

　面接が終了した後、語った内容を視覚化できるように図にした。図式化は、Sherman[5]の方法が簡潔であると考え、Sherman を使用した（図4-1）。この図式化では、縦軸が幸福な一般的な感じの程度を、横軸が、幼児期、青年期などの時間を示す。次に、図式化を患者に眺めてもらった後に、「人生において意味深かった出来事や、影響が強かった人との出会い」に関する質問をした。面接全般には、患者が今後の希望をもつことができるように、もしくは安寧な死を迎える準備ができるように努めた。質的分析では、Berelson[6]を解説した舟島[7]を参考にして内容分析を行った。

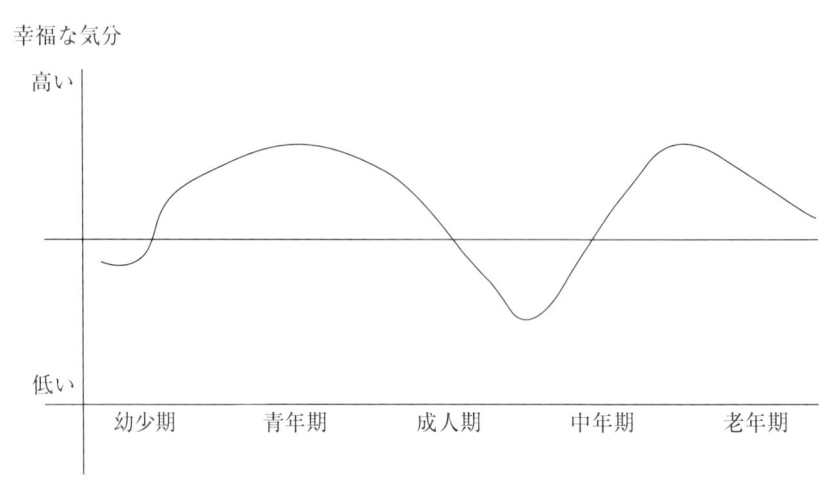

図4-1　人生図の例（Sherman, 1994）を改編

（2）結果と考察

　量的分析においては、図4-2 抑うつ感は有意に低下し、自尊感情は有意に上昇した（図4-3）。面接中あるいは面接直後に患者の語りを記録した。

　質的分析においては、表4-1のように、「家族に関する語り」「病気に関する語り」「人生

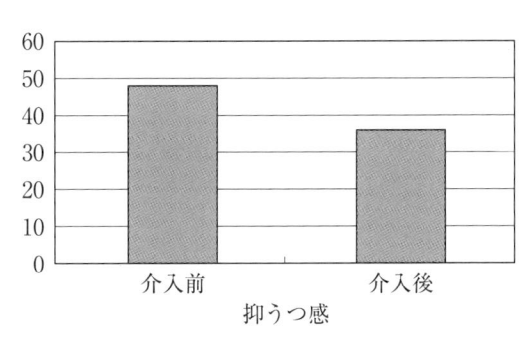

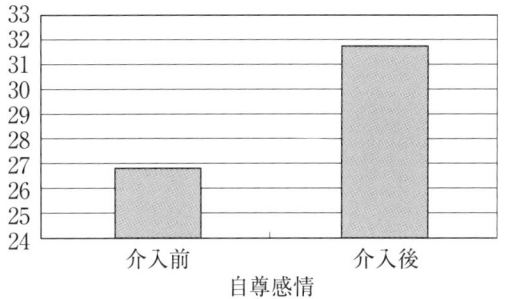

図4-2　抑うつ感に対する回想法の効果
　　　（SDSの範囲：20〜80）

図4-3　自尊感情に対する回想法の効果

表4-1　治療中の患者のライフレビューから得られた、語りのテーマ

テーマ	中カテゴリー	小カテゴリー
家族に関する語り	・両親の思い出 ・親の病気の思い出 ・家族関係の思い出 ・子育ての思い出 ・家族への心配	・日常のこと ・病気の母の思い出 ・父を介護したこと ・母死後に思う、母のこと ・母死後の自分のコーピング ・良好な関係、問題があった関係 ・苦労したこと、満足したこと ・家族の生活 ・病名告知への迷い
病気に関する語り	・各治療段階での心の変化 ・つらい治療への思い ・患者としてのコーピングや工夫	・病気発見の時 ・治療への後悔 ・再発のショック ・遅い治療開始への苛立ち ・痛み、副作用 ・病院や治療方法の選択 ・日々のコーピング
人生に関する語り	・人生の態度 ・人生への評価	・前向き ・諦め ・重荷の解放
自己に関する語り	・幼少期の思い出 ・青年時代 ・自分を洞察する語り ・仕事とアイデンティティ	・楽しかったこと ・ショックだったこと ・楽しかった青年時代 ・自分の性格、自分の役割 ・仕事での達成感 ・仕事への復帰の希望 ・仕事への姿勢
療養生活に関する語り	・治療環境 ・病院での楽しみ ・現在の否定的な気持ち	・在宅か病院か ・病院の共同生活の不便さ ・家族の面会 ・病院の行事 ・後悔する ・不満足 ・すまなさ ・死への心配

に関する語り」「自己に関する語り」「日常生活に関する語り」が抽出された。

「家族に関する語り」に関して、優しかった（あるいは厳しかった）親を思い出すとともに、親が病気のとき、あるいは亡くなったときに家族がどのように乗り越えてきたかを思い出していた。それと同時に、現在、自分が家族の成員として家族の生活や子どものことを心配していた。

「病気に関する語り」では、病気を発見したときのショックとともにつらい治療について語った。患者は治療を選択しながら、ときには治療を後悔しながら治療を受ける日々を送っていた。

「人生に関する語り」では、患者は病気になって改めて今までの自分の生き方を見直し、競争社会のなかで生きてきた自分自身を解放し、病気と向かっていた。

「自己に関する語り」では、自分自身の性格の評価、さらにどのような子どもや青年であったか、そして現在、自分がどのようなアイデンティティをもって仕事をしているかを語った。「日常生活」では、病室や人間関係の良し悪しを評価し、そこでの楽しみや現在の苦しみについて語っていた。

これらの研究から、構造的ライフレヴューをすることによって、治療中のがん患者の抑うつ感を改善し、自尊感情を高めることができることを示した。また、抽出されたテーマから、患者は、現在の問題解決の方法を過去の歴史の資源から探索しているといえる。さらに、患者は職場や家庭、社会における自己役割を担うための社会復帰を考えており、社会のなかで自己のアイデンティティを確認しようとしていたことが伺える。

一方、患者の悩みとしては、「家で生活している家族への心配」「病名を家族に知らせるかという当惑」「仕事に復帰したいという気持ち」「家族に心配をかけてすまないという気持ち」「家に帰れないのではないか、死ぬのではないかという心配」などがあった。これらから、患者は家族を思うとともに社会復帰を希望しながらも、同時に死への恐れをもっているといえる。面接者は、ライフレヴューを実施する目標として、病気を持ちながらも日常生活を送っている患者のコーピングや社会復帰への希望や実現を支えるように、面接を進める必要があると考えられる。

2. 終末期がん患者を対象とした構造的ライフレヴューの効果

終末期がん患者は、体力的にも低下しており、心身の状態も変動しやすい、などの問題があるために、従来、終末期のがん患者に対して、ライフレヴューを行って、その効果を調べることはほとんどみられなかった。しかし、患者が看護師に自分の人生を語るなど、

臨床の現場ではよく見られることであったことから、使用できる可能性が高いと予想された。さらに、体力等も低下して、ほとんどのことを看護者や家族に頼らなければならないため、自律性を失い、生きる意味や人生の目的を喪失するというスピリチュアルペインを感じやすい。そこで、ライフレヴューは、終末期のがん患者のスピリチュアリティを高めるのかについて調べ、効果がみられたので、ここで紹介することとした[8]。

（1）対象と方法

調査対象　総合病院のなかにある緩和ケア病棟に入院中の終末期がん患者（男性：2名、女性10名）。平均年齢70歳。病名等の詳細は表4-2に示す。患者は、認知的障害がなく、30分程度のコミュニケーションがとれる方であり、全員、病名告知がされていた。

質問紙　Wegberg, Bacchi, Heusser, Helwig, Schaad, Rohr, Bernhard, Hurny, Castiglione, & Cerny[9] が示した終末期がん患者のQOLを測定するための質問紙、Modified Skalen zur Erfasssung von Lebensqualitat bei Tumorkranken（SELT-M）の日本語版を使用した[10]。質問紙は、「主観的身体状態」に関する3項目、「気分」に関する6項目、「主観的サポート感」に関する3項目、「人生に対する考え方」に関する3項目、「スピリチュアリティ」に関する8項目、全体的なQOLに関する1項目、の6つのサブスケールで全体24項目から成っていた。その一部を表4-3に示す。各項目は4件法で、「全然あてはまらない」から「本当にそう思う」までであった。

手続き　臨床心理士（以下、面接者とする）がライフレヴューを実施した。医師や師長から面接が可能と思われる患者を選択してもらった。ライフレヴューの前と後に、スピリチュアリティの高さを測定するためにSELT-Mへの回答を求めた。ライフレヴューの方

表4-2　対象となった患者の詳細

患　者	性　別	年　齢	結婚歴	子どもの有無	病　名
A氏	女性	82	既婚	有り	肝臓癌
B氏	男性	54	既婚	有り	肝臓癌
C氏	男性	69	既婚	有り	甲状腺癌
D氏	女性	60	既婚	なし	乳癌
E氏	女性	71	既婚	有り	乳癌
F氏	女性	75	既婚	有り	膵臓癌
G氏	女性	68	寡婦	なし	大腸癌
H氏	女性	68	既婚	有り	胃癌
I氏	女性	78	既婚	有り	大腸癌
J氏	女性	81	既婚	有り	肺癌
K氏	女性	74	既婚	有り	肺癌
L氏	女性	56	既婚	有り	乳癌

表 4-3 質問紙（SELT-M）のなかのスピリチュアリティに関する項目の例

1	病気になったことで、ほかでは得られないような価値のある経験ができた。
2	より自分にとって何が大事か、何が大事でないかがわかるようになった。
3	「死」や「死ぬこと」に関することで悩まないでいたい。
4	より自分らしくいられ、自分に対して自信を持てるようになった。
5	新しい興味をより持てるようになった。
6	病気であることを受けとめつつ、新しい希望がもてた。
7	この病気になったことが自分にとって意味を持っているとはどうしても思えない。
8	私は人生の新しい目標を見つけた。

法は、Haight[11]の構造的ライフレヴューをもとにした。

（2）結果と考察

SELT-M の各要因について、介入前後で効果があったかを統計的な検定（ウィルコクソンの検定）で調べたところ、「気分」「人生に対する考え方」「スピリチュアリティ」の要因について、介入後には有意に得点が上がっていた（表 4-4）。

表 4-4 構造的ライフレヴュー前後の QOL（SELT-M 尺度）の変化

	SELT-M					
	主観的身体状態	気 分	サポート感	考え方	スピリチュアリティ	全体的 QOL
介入前	2.33 (SD = 0.79)	3.16 (SD = 0.65)	3.28 (SD = 0.65)	2.93 (SD = 0.75)	2.57 (SD = 0.61)	2.57 (SD = 0.61)
介入後	2.80 (SD = 1.16)	3.79 (SD = 0.74)	3.61 (SD = 0.83)	3.65 (SD = 1.03)	3.14 (SD = 2.25)	3.58 (SD = 1.00)
P 値	$Z = -1.02, P = 0.307$	$Z = -2.67, P = 0.008$	$Z = -1.18, P = 0.237$	$Z = -2.05, P = 0.041$	$Z = -2.23, P = 0.023$	$Z = -2.49, P = 0.013$

質的分析には、パソコンソフトのテキストマイニングを用いた。テキストマイニングでは、語りに出現した単語の頻度とスピリチュアリティの得点について対応分析を行うものであり、分析方法の詳細は大隅[12]にある。本研究では、「効果が高かった患者群」と、「効果が低かった患者群」に分けて、それぞれの群の患者の語りのなかでどのような語句が重視されているかを算出した。さらに、それらの語句をながめて、それを代表するような要因を命名した（表 4-5）。その結果、スピリチュアリティが向上した患者の語りでは、「肯定的な人生観」「良好な人間関係」「バランスよい人生評価」というテーマが抽出され、向上がみられなかった患者の語りでは、「将来についての心配」「家族問題での葛藤」「現実的な問題への直面」というテーマが抽出された。

ライフレヴュー後の SELT-M の得点は有意に、ライフレビュー前より上昇したことから、ライフレヴューは終末期がん患者のスピリチュアリティを高めることに有効であることが示された。

第4章 がん患者へのライフレヴューに関する研究

表4-5 [効果が高かった群]と[効果が低かった群]における抽出された語句と重み得点および要因

効果が高かった群

要因1 肯定的な人生観	得点	要因2 良好な人間関係	得点	要因3 バランスのよい人生評価	得点
がん	1.97	ペット	1.38	楽しかった	1.88
整理する	1.97	好きなこと	1.38	死ねない	1.88
今は死にたくない	1.97	自分自身で歩くことができる	1.38	趣味を楽しむことが好きだ	1.88
外の世界のすばらしさに気付いた	1.41	喜び	1.38	運命	1.88
I want to be away overn	1.22	家族を心配する	1.38	医者が助けてくれる	1.88

効果が低かった群

要因1 将来についての心配	得点	要因2 家族問題での葛藤	得点	要因3 現実的な問題への直面	得点
がん	2.32	母親との問題	1	母親の問題	1.88
長生きしたい	2.32	過去の葛藤	1	過去の問題	1.88
ショックを受けたこと	2.32	困惑している	1	困惑している	1.88
人生に不満足	1.27	問題	1	問題	1.88
何かを残したい	1.27	若かった日々	1	若かった日々	1.88

特にスピリチュアリティに関連して、「新たな発見」として、「家族や友人など周囲の人々の大切さに気づいた」「神の存在に気づいた」「自然の美しさやつながりに気づいた」などのカテゴリーが抽出された。語ることによって、自分の人生を改めて周囲との関係で構築していると考えられる。「新たな発見」の他に、スピリチュアリティに関係している内容は、「人生に満足している」「人生はおもしろかった」「人生を全うしたのなら悲しむことはない」などであった。

一方、否定的側面として「前世の生き方が悪かった」「神に助けてもらえない」といった要因が抽出された。これらの宗教に関する苦悩に対しては、医療スタッフが宗教に関する情報を提供したり、神に替わる現実的に助けてくれる人を探すことで解消された。また、「死に至るまでの最期の恐怖」も苦痛の緩和を医療スタッフが約束することで低減した。「この世に何も残していない」ということには、現実に作成可能で残せるものを作成することで解消した。「人生設計が狂った」「生きる楽しみがない」「まだ生きたい」といった実存に関するペインに対して、ライフレヴュー・インタビューは特に有効であったと考えられる。

3. 終末期患者を対象とした短期回想法を用いた研究

構造的ライフレヴューでは、週に1回、全体で4回の面接を行ったため、約1か月が必要であった。しかし、終末期がん患者は病状が悪化することが多く、途中で中止になる方が多かった。このことから、終末期がん患者が最後まで完結することができるライフレヴューを開発することが必要であった。そこで、我々は面接が1週間で完結する「短期回想法」を開発し、心理面へのケアとして有効であるかを調べた。

(1) 対象と方法

対　象　2つの一般病院のホスピス病棟と1つの在宅ホスピスを利用する終末期のがん患者30名が参加した。

質問紙　スピリチュアリティの測定には、FACIT-Sp12（Functional Assessment Chronic Illness Therapy Spiritual）[13]の日本語版[14]を用いた。この尺度は、「意味感」と「宗教感」の2つの要因から成っていた。また、不安や抑うつ感の測定には、Hospital Anxiety and Depression Scale（HADS）[15]の日本語版[16]を用いた。

短期回想法　面接回数は2回、療法の期間は1週間という短期間で完結する、終末期患者の心理療法としてのライフレヴューである。

手　順　大学と病院の倫理委員会の承認後、短期回想法が適当と考えられる患者を選択し、説明の後に同意を得て、短期回想法を開始した。面接者は臨床心理士であった。1回の面接時間は30分から1時間程度であった。1回目の面接で患者は自己の人生を回想し、その直後、面接者は患者の話を元に簡単な自分史を作成した。1週間後に2回目の面接を行い、自分史の内容を患者と確認した。短期回想法の実施方法については、次章で説明している。面接の前後に、FACIT-Spに回答していただいた。

（2）結果と考察

　量的分析ではFACIT-Spの平均値を対象とした。FACIT-Spの得点は、面接後は前に比べて有意に上昇し、HADSの得点は有意に低下した（表4-6）。FACIT-Spの得点変化より、短期回想法は人生の意味感を上昇させることに効果があることから、スピリチュアルケアとして有効であることが示唆された。またそれと同時に「不安や抑うつ感」の軽減に有効であることが示された。

　分析結果から、短期回想法は、終末期がん患者のスピリチュアリティの向上、不安や抑うつ感の改善に効果があることが示唆された。さらに、患者の背景として、「肯定的な人生観」「良好な人間関係」「バランスよい人生評価」などがある方には、より効果があると考えられた。

表4-6　短期回想法の効果

	介入前	介入後	P値
FACIT-Sp	16 ± 8.2	24 ± 7.1	$Z = -4.2, P = 0.001$
HADS	17 ± 8.6	9.5 ± 5.4	$Z = -4.1, P = 0.001$
つらさ	3.4 ± 1.9	1.8 ± 1.4	$Z = -3.5, P = 0.001$
主観的幸福感	4.6 ± 1.9	5.6 ± 1.6	$Z = -3.2, P = 0.002$

4. 遺族に対するライフレヴューを用いた研究

　人は、大切な方を亡くしたとき、その方の在りし日のことを偲び、思い出し、語ることがある。その語りのなかで、我々は悲しみを癒していくことにつながっているように思われる。日本の行事の法要なども、恐らくそのような役割を担っているものと思われる。しかし、故人との思い出を語るライフレヴューが、本当に悲しみを癒したり、遺族の心理に肯定的な影響があるのかについての実証的な研究はほとんど見当たらなかった。そこで、我々は、遺族に対するライフレヴュー（ビリーブメント・ライフレヴユーと呼ぶ）を実践

して、その効果を調べた[17]。

（1） 対象と方法

対　象　参加の同意が得られた遺族20名（男性6名：平均年齢64.8歳、SD15.1、女性14名：平均年齢55.9歳、SD11.7）を対象とした。

方　法　第1回目の面接において、「人生で大切にしていること」「故人との思い出として印象に残っていること」「家族の介護時で嬉しかったこと」「自己の成長」「人生で果たした役割」「誇りに思うこと」の6項目について遺族に語っていただいた。語りは許可をとって録音し、セラピスト（臨床心理士、パストラルケアワーカー）はそれに基づいてアルバムを作成した。第2回目の面接では、遺族とセラピストはアルバムを見ながら、内容を確認していった。第1回目の面接の前と第2回目の面接の後に、BDI-Ⅱベック抑うつ質問表（Beck Depression Inventory-second edition）[18]とFunctional Assessment Chronic Illness Therapy-Spiritual（FACIT-Sp）[13]に口頭にて回答していただいた。

（2） 結果と考察

ビリーブメント・ライフレヴューの後は、抑うつ感は11.1から7.2に有意に低下し、FACIT-Spの得点は19.9から23.0に有意に上昇した。

ビリーブメント・ライフレヴューは、遺族の心理―実存的側面へのケアとして実施可能であり、有効性が示唆された。今後、実施できる指導者を育成し、遺族の対象数を増やして有効性を検証する必要がある。

引用文献

1) de Vries B, Birren JE, Deutchman DE, Met Method and Uses of the guided autobiography, In Haight BK, Webster JD. (eds). The Art and Science of Reminiscing: theory, research, methods and applications. Bristol, PA: Taylor & Francis, 165-177.
2) 野村豊子「ターミナルケアと回想法―生きていくための回想法―」『日本保健医療行動科学会年報』14 (6), 1999, pp52-60.
3) Erikson EH. 1959. Identity and the life cycle. International University Press, New York.
4) 野村豊子『回想法とライフレヴュー』中央法規, 1998
5) Sherman, E. 1994 The structure of well-being in the life narratives of the elderly. Journal of Aging Studies, 1994, 8 (2), 149-158.
6) Berelron B. Content analysis in communications research. New York: free press. 1952
7) 舟島なをみ『質的研究への挑戦』医学書院, 2000
8) 安藤満代「末期がん患者に対するライフレビュー・インタビューの試み」『カウンセリング研究』37, 2005, pp221-231.
9) Wegberg BV, Bacchi M, Heusser P, et al. 1998. The cognitive-spiritual dimension:-an important addition to the assessment of quality of life: Validation of a questionnaire (SELT-M) in patients

with advanced cancer. Ann Onco, 1998, 9, 1091-1096.
10) 石川邦嗣「Spiritual QOL」『緩和医療学』12（2），2000，pp44-52.
11) Haight, B. K. The therapeutic role of a structured life review process in homebound elderly subjects. Journal of Gerontology, 1988, 43, 40-44.
12) 大隅昇監修『Word Miner 事例集　導入編』テキストマイニング研究会，2006
13) Peterman AH, Fitchett G, Brady MJ, et al. Measuring spiritual well-being in people with cancer: The Functional Assessment of Chronic Illness Therapy-Spiritual Well-Being Scale（FACIT-Sp），Annals of Behavioral Medicine, 2002, 24, 49-58.
14) 野口海，大野達也，森田智視他「がん患者に対する Functional Assessment of Chronic Illness Therapy-Spiritual（FACIT-Sp）日本語版の信頼性・妥当性の検討（予備的調査）」『がんと化学療法』31（3），387-391.
15) Zigmond AS, Snaith RP. The hospital anxiety and depression scale. Act Psychiatrica Scandinavia, 1983, 67, 361-370.
16) 北村敏則訳『Hospital Anxiety and Depression Scale（HAD 尺度）精神科診断学』1993，pp371-372.
17) Ando M, Morita T, Miyashita M, Sanjyo M, Kira H, Shima Y. Effects of bereavement Life Review Therapy on spirituality, anxiety, and depression. Journal of Pain and Symptom Management, 2010, 40, 453-459.
18) Beck AT, Steer RA, Ball R, Ranieri W. Comparison of Beck Depression Inventories-IA and II in psychiatric outpatients. J Pers Assess, 1996, 67, 588-597.

第 5 章 ライフレヴューの実践方法

1. ライフレヴューの目的とコミュニケーション技術

ライフレヴューをする際には、実施する目的を確認する必要がある。例えば、看護師が患者の心のケアとして利用しようとするのか、臨床心理士が患者との人間関係を深めるために利用するのか、介護福祉士が患者を理解するために利用しょうとするのか、等、誰が、何の目的で行うのかを確認する必要がある。このことは、倫理の問題に関連しており、聞き手はライフレヴューを通して個人の情報を多く知ると同時に、語る人の心を傷つけることもあることなどを十分に理解した上で実践する必要がある。

（1） ライフレヴューでの基本的態度

ライフレヴューを実践する前には、基本的なコミュニケーションの技術を身につけておく必要がある。近年では、医療職者が患者とコミュニケーションをとる際の、さまざまな資料を得ることができる[1,2]。ここでは、ライフレヴューをより効果的に行うための基本的な技術について考える。まず、必要なことは、患者との面接に臨む際の基本的な態度が必要と考えられる。ここでは、ロジャース（Rogers, C.）[3]の態度が適当と考えたので、ライフレヴューでは「聞き手」と「患者」という二者を想定して、その態度を示す。

1) **純粋性**：聞き手は、自分自身に正直であり、できる限りありのままの自分を患者に示そうとする必要がある。そのためには、自分自身が安定した状態であることが必要である。
2) **尊重性**（受容性）：聞き手は、患者を受け入れ、相手を尊重する。すなわち、患者に思いやりをもって、大切にようとする思いが必要である。
3) **共感性**：聞き手は、患者が感じている気持ちをあたかも自分自身が経験しているように感じることが必要である。

(2) コミュニケーション技法

ライフレヴューを行うための、基本的なコミュニケーション技術については、マイクロカウンセリングの技法を参考に筆者が以下のように作成した[4]。

1) よい雰囲気を作る―かかわり行動―

① ライフレヴューが落ち着いてできる場所、プライバシーが保たれる場所を確保する。
② 患者とスタッフの処置やケアが重ならない時間を設定する。
③ 座る位置は、相手との距離が約1メートルの空間をとる（図5-1）。
④ 視線は、適当に合わせたり、合わせなかったりする。
⑤ 上手なかかわり方をする[5]。
　正面に向き合って体を楽にする、姿勢を起こしている、目はやさしく見つめている、笑顔が見られる、ときどき視線を合わせる、などは良い関わり方と考えられる。

図5-1　患者さんとにこやかに会話

2) ライフレヴューで使用する質問技法（発話を促す）

短期回想法のなかで、質問を行い、回想法を促すために、以下のようなことに注意する（表5-1）。

表5-1　ライフレヴューで使用される質問技法

技法	説明
①開かれた質問	・自由に、自分の考えや意見を述べることを促す質問。 　例：「今日の気分は、いかがですか」 　　　「回想した後の、気分はどうですか」 ・前置きをすると話が出やすい。 　例：「昨日、気分が悪いと言ってましたが、今日の気分はいかがすか？」
②閉ざされた質問	・答えが、「はい」「いいえ」で答えられるような質問で、聞き手の意図によって患者から情報がほしいときに使う。
③よいところを探す（肯定的資質の探究）	患者がもともと持っている長所、今できること、優れていると思うこと、などに焦点を当てて、患者が自分の欠点ばかりを見ないよう促す。

3) ライフレヴューを促進する技法 ―はげまし、いいかえ、要約― (表5-2)

表5-2 ライフレヴューを促進するコミュニケーション技法

技　法	説　明
①はげまし	・相づちを打つことは(「うん、うん」「なるほど」)、もっと続けて下さいという意味となる。
②いいかえ	・患者の話から、同じ内容について、聞き手自身の言葉に置き換えて、表現する。このことによって、患者の話を聞いていることを伝えることができる。
③まとめる（要約技法）	・今までの話をまとめる。話を整理したり、次の話題に移ることに有効。 例：「今までのお話は、…にまとめられると思いますが、それであっていますか」、「そんなことでしたね」

4) ライフレヴューを深める ―感情の反映技法― (表5-3)

表5-3 ライフレヴューを深める技法

技　法	説　明
①感情の反映	患者が表現した情動や感情を患者に返すことによって、患者自身が自分の感情に気付いたり、新たな洞察につながる。
②共感	患者が感じている情動や感情を自分のことのように感じる、または共有する。
③肯定的な面を探す	患者の感情を受容しつつ、患者の良い面、肯定的な側面を探す。
④意味づけ	患者が、ある思い出が自分にとってどのような意味があるのかを意味付けることで、出来事を納得したり、受容することにつながる。
⑤面接者の解釈	聞き手は、患者が否定的な見方ばかりしているとき、別の解釈や見方ができることを提案してみる。

5) ライフレヴューをまとめる (表5-4)

表5-4 ライフレヴューをまとめる

事　項	具体的方法
①時間配分	一つの質問に長時間話をされる患者もいるため、ある程度、時間の配分を考える。
②各回答をまとめる	各質問に患者が話されることについて、要約をするなどしてまとめをして、次の質問に移るようにする。
③全体を納める	1回の面接が終了したとき、患者がつらい思い出だけを語って、不愉快な気分や沈んだ気分のまま、面接が終わらないようにする。肯定的な面にも気づくような形にすると、不愉快な気持ちが残らない。

6）コミュニケーションの練習例

上述の技法を用いて、患者とのコミュニケーションを行っている事例を以下に紹介する。

〈練習事例〉

患者背景：名前は山田花子さん。60歳女性。乳がんの再発によって化学療法や放射線療法を行っていたが、困難となり、ホスピスを希望した。入院するまではパートの仕事などをしていたが、病気になってからは退職していた。夫と2人暮らし。子どもはいない。夫には、「あなたは、私がやる家事に対していつも文句を言うから、自分はストレスでがんになった」と攻撃的に言っている。入院して、ボランティアの人には「自分が死ぬかもしれない」ということを話していたが、看護師には自分の気持ちを話さず、苦悩している表情に見えた。そこで伊藤看護師は、患者の気持ちを表現してもらい、傾聴によるケアをすることとした。

看 護 師：今日は、山田さんの看護を担当するにあたり、山田さんのことを教えていただきたいと思います。山田さんのお気持ちについて教えていただきたいと思っています。山田さんは、病気が再発されてからどのような気持ちで過ごされたのです（オープンクエスチョンの技法）。

山　　田：初めて病気になったときは治ると思っていたので、少し楽でしたが、再発となったときはショックでした…。また、治療をしましたが、効果がないと先生から言われて。

看 護 師：初めての病気の時は気持ちも楽だったけど、再発になってショックだったのですね（繰り返しの技法）。

山　　田：再発だったら、もしも治らないのでは、という気持ちとか、またつらい治療をしなければならないのかとか思うと、本当に気持ちが落ち込んで行って。そんな気持ちでした。しばらくは呆然とした日々を過ごしてから、治療を始めました。しかし、そこの医師の態度が厳しくて、つらいことが多かったです。また、治療の効果もなく体力の方が落ちていって、結局、つらかったけど治療をあきらめたのです。

看 護 師：医師との関係もつらかったし、治療をあきらめたのもつらかったのですね。本当に大変だったのですね（要約の技法）。「あきらめた」と今さっき言われましたが、そのときの気持ちを振り返るとどうですか（感情の反映の技法）。

山　　田：治療を中止してホスピスに入るというのは、もう治ることはない、もう駄目なんだということがはっきりしたようなものです。それで、治療をやめたくなかったのです。でも、あのまま続けていたら、もっと体力が落ちて、動けなく

なっていたかもしれません。治療をあきらめたことはむしろよかったかもしれません。そしてホスピスに入りました。

看　護　師：むしろホスピスに入ってよかったかもしれない。そうかもしれませんよね（支持的技法）。ご主人は毎日来てくれていますね。優しい人ですね。

山　　　田：主人のせいで私は病気になったと思っているので、あの人を見ていると本当にイライラします。また、最近、毎日体力が落ちていくのがわかります。隣の人が昨日亡くなって、自分もそうなるのかなと思っています。もうだめなのかなーって。昨日、夢を見て、その夢では、自分が天国に行こうとしていたら、急に下に落ち始めていくという怖い夢でした。不安で目が覚めても眠れませんでした。

看　護　師：怖い夢を見たのですね（沈黙）。最近、体力が落ちて来たし、隣の人も亡くなって怖くなったのですね。本当にそうですよね。体力が落ちるとだれでもそう思うと思います。当然です（支持的技法）。
　　　　　　「急に落ちていく夢が怖かった」ことについて、もう少し話していただけますか（発話促進の技法）。

山　　　田：私は、今まで、良い人生ではなかったと思います。子どももいないし、仕事もしていませんし。何も世の中に残していない。意味のない人生でした。夫にも冷たかったし、地獄に行くのではないかと思って、死後のことを考えていたときこのような夢になったのだと思います。

看　護　師：怖い夢を見たのは、地獄に行くのではないかと思ったのですね。今までのことを振り返っているようなので、次回は、ライフレヴューという人生の回想をしてみませんか。今日は、話をして下さってありがとうございます。

2．がん患者にライフレヴューをするために必要な条件

（1）対象の条件

　ライフレヴューをがん患者に実施するためには、その方の条件が必要となる。適格条件とは、「このような条件がある方にはライフレヴューが適当だろう」という条件であり、除外条件とは、「このような条件がある方には、ライフレヴューは適当ではないだろう」という条件である。以下にそれを示す。

1）適格条件
① 20歳以上で、30分～1時間の面接に耐えうる心身の状況である。
② コミュニケーションが支障なくとれる。
③ 患者の従来のコーピングを探すなどの効果があると考えられる方
④ 生きる意味感や目的感を作りたいと思っている。
⑤ 不安感、抑うつ感などの心理的問題があり、改善したいという気持ちがある。
⑥ 人生を整理し、まとめをしたいと思っている。

2）除外条件
① 強い痛みや身体症状がある。
② 重度の認知症や精神疾患がある。
③ 現在、重大な悩みや問題に直面している。
④ 心の傷となる体験があり、現在も思い出すとつらいことがある。
⑤ 過去を振り向くより、前を向いて歩いて生きたいと思っている。

（2）実施する人の条件

ライフレヴューを実施する人には、トレーニングが必要であることが指摘されている。その内容としては、次のようなことが考えられる。

1）ケアリングの心—ライフレヴューを通して—

ライフレヴューを通して、患者の心理—実存的苦痛を和らげたいというケアの気持ちがある。

2）コミュニケーション技術

コミュニケーションの基本的な技法が使用できる。

3）つらい話への対処

患者がつらい話をし始めて、聞き手がどうしたらよいか戸惑うこともある（図5-2）。このようなことは、生じやすいので、ロールプレイなどを通して、どのように対応すればよいかを練習する必要がある（図5-3）。患者の否定的な内容の話にどこまで自分が対応できるかを考え、力量に合わせて面接を進める必要がある（図5-4）。

図5-2　患者さんが泣いてしまいオロオロする

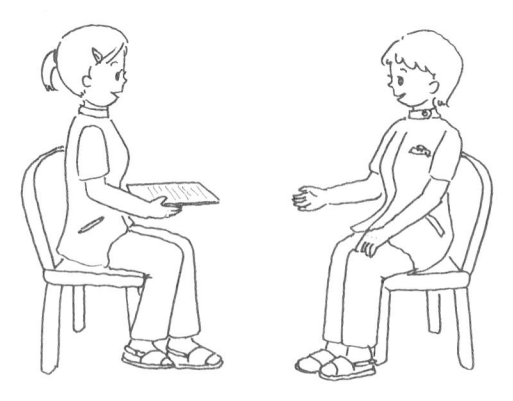

図5-3　ロールプレイ

図5-4　患者さんの話をうなずきながらきいている

4）スーパービジョン

患者の話を聞いていて、否定的な気持ちが面接者に生じたときは、面接者自身の過去と関係していることもある。さらに患者の話にストレスを感じるときもあるので、面接者が相談できる方、あるいはスーパーバイズしてくれる方がいることが望ましい。

（3） 実施前の準備
1） 他のスタッフから理解を得る

患者と始める前に、患者に対して、「誰が」「どのような目的で」「どのような方法で行うか」を他のスタッフに説明しておく。もし、面接者が常に患者のそばにいる者でない場合などは、ライフレヴューが終わって、スタッフとライフレヴューしたことが話題になることもあるので、概要をスタッフに理解してもらっておくと連携がスムーズになる。

2） 患者にライフレヴューを理解してもらう

ライフレヴューが適当と思われる方に、方法に関する概略を説明し、興味があるかを確認する。その際、「過去を思い出すこと」等を十分に説明する。過去につらい出来事や嫌な思い出がある場合、無理に回想することは危険と考えられる。

3） 面接の時間と場所を選定する

治療や看護処置のスケジュールを考え、患者が落ち着いて回想できる時間を選ぶ。面接場所は個室が理想的だが、他患と同室でかつ移動が難しい場合は、カーテンを閉める、面接者が患者に近づき、小さな声で話すなど、回想する患者と他患への配慮が必要である。

4） 倫理的配慮

回想した内容がどのように使用されるのかは、患者の心配事になるので、使用の目的を説明する。また、録音する場合についても、どのように使用するのかを十分に説明する。また、万一、患者の身体的負担・心理的動揺が見られた場合には、速やかに面接を中止する。必要があれば、患者の主治医に相談し、身体的・心理的支援のための対策をとる。面接で語られた内容で、患者の生命などに影響する「希死念慮」などがあれば、他のスタッフに相談する。

（4） 実施上での留意点
1） 患者が理解できる言葉で面接する

年齢や理解力に応じて、患者がわかるような言葉で面接をする。心身共に疲労している方も多いので、患者の認知的な負担を考慮して質問の仕方を工夫する。また、1回の面接が

終了したとき、できるだけ肯定的な気持ちで面接が終了するように面接者は心がける。

2) 患者の話を優先するが、全体の時間配分を考える

患者が最初に話したいことがある場合は、その気持ちを十分に傾聴する。回想を通して話が深まったり、広がったりすることが望ましい。しかし、患者の話が散漫であったり、冗長な場合は、その行為の意味を考えながらも、全体の時間配分を考える。

3) 肯定的な側面も否定的な側面も回想する

患者にとって良い思い出も悪い思い出も、その両方の思い出を、バランスをもって評価することが療法として重要である。「以前は嫌だと思っていたことが、今思い出してみるといかがですか」など、現在からの評価を促す。また、否定的な見方に固執している場合は、面接者が「〇〇と言った別の見方もできますね」など肯定的な側面も提示してみる。

4) 語り過ぎることに注意する

ライフレヴューでは、何回で終了する予定といった構造や枠が必要と考えられる。その後のフォローができる場合は別として、フォローができない場合は、患者が今まで防衛して思い出さないようにしている過去の出来事を深く語ることは、患者につらい思いを残す場合もある。また、回想の類型として「強迫的な語り」に分類されるような、何度も同じことについて、否定的なことだけが繰り返して出てくる場合は、誘導して先に進む方が望ましいことが多い。

5) 困難な場合は専門家へ相談する

患者が重大な過去について語り始め、自分では話の収集がつかないと思った場合、患者へ「自分の人生は意味がないものだった」というように終わらせないために、臨床心理士や心理療法士などの専門家に相談する必要がある。

6) 回想をどこまで聞くか？

「死」や「病気」などについて尋ねられるときに、不快な表情をすることがあれば、それ以上は尋ねない。患者の方から、話を切り出してくれば、傾聴する態度で行う。患者が一つの話題で長く話をしたい様な場合は、次の質問に進まずに、丁寧に話を聞くことも大切であろう。無理にすべての質問をする必要はない。面接者が、さらにいろいろと質問してみたいという気持ちが出てくる場合は、「その質問は単に、面接者の興味からか」あるいは、「その質問をして、患者が自分のことを振り返るきっかけになりそうか」「面接を進めることに有効か」を考え、単なる興味本位の質問の場合は、質問を控える。また、ある

質問が患者の心を傷つける可能性がある場合、あるいは、患者に重大な問題に直面させる可能性がある場合は、控えるか、それだけの準備をしている時にする。

　　状況の例：死を受け入れてないで、頑張って生きて行こうと考えている患者さんに対して
　　悪い例：「死も遠くはないと思いまが、その前に家族に言い残しておきたいことがありますか？」
　　良い例：「現在、ご病気で病院におられますが、まだ伝えてないけど、ご家族に伝えてみたいと思うことはありますか」

3. がん患者への構造的ライフレヴューの実践方法

コミュニケーションの技法が使え、聞く人の条件、聞き手の条件がそろっているとして始める方法を、一つの例として以下に提示する。

（1）実施の方法
1) 医師や看護師に、ライフレヴューをする目的と方法を説明する。
2) 医師または看護師から、ライフレヴューが適当な方を抽出していただく。
3) 患者に対して、ライフレヴューの目的や方法を説明して、参加の意思を確認する。
4) 参加の同意があれば、ライフレヴューの日時を設定する。
5) 当日に訪問して、ライフレヴューを始める。

図5-5　発達

表5-5　がん患者を対象とした構造的ライフレヴューの例

	ライフレヴューのプログラム
準備	患者の病状に関する基礎情報を収集 ・性別、年齢、家族構成、職業、性格 ・病名、病気の段階、心身の症状、病気への理解 ・サポート資源、など
第1回	ラポール形成 ・面接者の自己紹介 ・面接の目的や進め方の説明 ・現在、すぐに話したい内容などがあれば促す。
第2回 （発達段階にそって回想をする）	・幼年期の思い出 ・少年期の思い出 ・青年期の思い出
第3回	・成人期の思い出 ・老年期の思い出 ・病気になってからの思い出
第4回	人生への再評価 ・強く影響を受けた出来事や出会った人、人生の分岐点を尋ねる。 ・人生への満足度や、回想してみての感想を尋ねる。

表5-6　テーマを中心としたライフレヴューのプログラムの例

	ライフレヴューのプログラム
準備	患者の病状に関する基礎情報を収集 ・性別、年齢、家族構成、職業、性格 ・病名、病気の段階、心身の症状、病気への理解 ・サポート資源、など
第1回	ラポール形成 ・面接者の自己紹介 ・面接の目的や進め方の説明、など
第2回	現在の心配や不安なことについて ・ライフレヴューに集中できるための質問。 ・早急に解決可能な問題へ、話し合いの上で対処方法を検討
第3回以降 （テーマの選択やテーマの付加）	家族に関する語り 病気に関する語り 人生に関する語り 自己に関する語り（あるいは死に関する語り） 病院での日常に関する語り ・患者にテーマを提示し、テーマを選択してもらう。 ・ほかに語りたいテーマがあれば、優先する。
第5回	人生図の味わい ・語りに基づいて作成し、その感想などを求める。
第6回	人生への再評価 ・強く影響を受けた出来事や出会った人、人生の分岐点を尋ねる。 ・人生への満足度や、回想してみての感想を尋ねる。

（2） 構造的ライフレヴューのプログラム

以上に、発達段階ごとに（図5-5）回想をする場合のプログラムの例を示す（表5-5）。

（3） テーマごとのライフレヴューのプログラム

テーマごとに回想をする場合のプログラムの例を示す（表5-6）。

4. 短期回想法の実践方法

短期回想法は、終末期のがん患者のスピリチュアリティの向上や、不安や抑うつ感の改善に効果があると考えられる。以下にその方法を示す。

（1） 方　法

1) 患者に十分に短期回想法について説明をして、実施の了解を得る（図5-6）。さらに担当医師や看護師の理解を得た上で、第1回目の面接を行う。患者の心身の状況に合わせて始める。

2) 質問項目にそって、ライフレヴューをしていただく（図5-7）。許可があれば、録音する。1回の面接時間が30分から1時間程度とする。面接者は、患者が自己の人生に対して肯定的な評価を行い、自己の人生に意味感をもてるように、達成できたこ

図5-6　調査説明

図5-7 インタビュー

表5-7 短期回想法で用いた質問の目的

質問の目的
(1)「人生において大切に思うことは」に関する質問 ＊この質問によって、患者さんにとって意味があるもの、価値を置いているものが想起され、自己の人生の意味づけに有効と考えられるだろう。
(2)「人生において印象に残る思い出」に関する質問 ＊印象深い思い出を想起する方が短期間で回想法が完結できる。また、その患者の信念や考え方に影響してきたものに気づく機会となるだろう。
(3)「人生において生き生きしていた頃」に関する質問 ＊発達段階別に想起するよりも、より短い時間で全体を振り返る機会となる。分岐点を早期することで、もう一つ別の人生があったのではないかといった後悔も含め、人生の良い面、悪い面の両面を評価する機会となるだろう。
(4)「人生における自分が果たした役割」に関する質問 ＊自己同一性（アイデンティティ）を確認し、過去、現在、未来をつなぐ自己一貫性を感じる機会となる。これらから、自分の人生が意味あるものだったという「意味感」や「存在の目的感」を高めることができるだろう。
(5)「誇りに思うこと」に関する質問 ＊自尊感情や自己肯定感を高める機会となり、自己の人生の達成感や満足感を感じる機会となる。これらから、「意味感」「目的感」を高めることにつながる。
(6)「大切な人に伝えたいこと」に関する質問 ＊まだ、伝えていない、もしくは、考えていない、と答えることも多いが、これがきっかけになって、伝えようという気持ちになったりすることもある。
(7)「自分史の結びの言葉」に関する質問 ＊人生の完結感を高める。

となどを面接者側からも肯定的に評価していく。実際に用いた質問の目的を表5-7に示す。

3) 第1回目の面接終了後、面接者は面接内容をまとめて、自分史を作成する（図5-8）。

　自分史を作成する際、できるだけ良い思い出や現在から見た思い出の評価を入れて、自分史を見て「見ていて気持ちが良い」と思い出が味わえるように作成する。患者が1人で後で見たり、家族とともに見ること、患者が亡くなっても思い出として家族がそれを見ることも考慮する必要がある。

4) 第2回目の面接で、自分史の内容を確認していただく（図5-9）。

5) ライフレヴューをやってみての感想などを話し合い、終結させる。

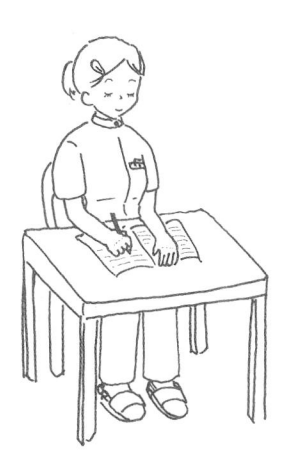

図5-8　自分史をまとめる

図5-9　自分史を見ていただく

（2） 短期回想法の実際のプロトコル

面接開始1回目

　「○○さんが少しでもこころ穏やかに、快適にお過ごしいただけるよう工夫させていただくために、今までの人生について教えていただきたいと思っています」

1) 大切にしていることに関する質問
　「ご自分の人生にとって、大切だと思っておられるのは、どのようなことですか」
　「また、それはなぜそう思われるのですか」

2) 印象深い思い出に関する質問
　「人生において印象に残っている思い出はどのようなものですか」
　「そのときは、どのようなお気持ちでしたか」
　「今、それを思い返すと、どのようなお気持ちになりますか」
　　・つらい思い出の場合は、「今、それを思い出しても大丈夫でしょうか」と確認をする。
　　・思い出せない場合は、「ご結婚」「子どもの誕生」などを例示する。

3) 生き生きしていた頃に関する質問
　「人生で自分が生き生きしていた頃は、どのような頃でしょうか」

4) 自分の役割に関する質問
　「人生において、自分が果たした役割はどのようなことでしょうか」
　「例えば、お仕事、子育て、社会活動、地域活動など」

5) 自分の誇りに関する質問
　「ご自分の人生で誇りに思うことは何かございますか」
　「他の人から立派だといわれるようなことよりも、自分から見て、よく頑張ったなと思われることとかでけっこうですが」

6) 伝えたいことに関する質問
　「どなたかに、何か伝えたいことはありますでしょうか」
　　・日本では、謙遜して、話されないこともある。

7) アドバイスに関する質問
　「どなたかに、何かアドバイスすることはありますでしょうか」

8) 人生を一言で表現することに関する質問
　「ご自分の人生を一言で表すとすると、どのような言葉がぴったりでしょうか」

(面接開始2回目)
9) 自分史を味わう

「前回、お伺いしたことを自分史にまとめてみました。一緒に見てください」

「間違っていたり、新しく付け加えたいことがあれば教えて下さい」

・ゆっくり時間をかけて、再評価があれば再評価を促す。

10) 全体の感想

「人生を思い出された感想はいかがですか」

「人生全体を振り返っていかがですか」

「これで面接は終了です。自分史を差し上げますので、ご家族とか他の方と見ることがあれば見て下さい」

(3) ロールプレイのためのシナリオ

　短期回想法を練習するためのシナリオを以下に示すので、ロールプレイなどで練習してほしい。ここでは、簡潔に書いているが、本当の面接の会話はもっと長いと思われる。

(面接開始1回目)
1) 大切にしていることに関する質問
面接者：「ご自分の人生にとって、一番重要に思っていること、大切だと思っておられるのは、どのようなことですか」
患　者：「子どもたちです。自分には2人の子どもがいます。父親が10年前に病気で亡くなりましたので、2人の子どもを大切に育ててきました。息子と娘の2人います。息子は父親がいなかったので、そのことでいろいろと問題も起こして、私も悩む時期もありました。でも、子どもも成長しました。今は自分の世話をしてくれます。本当に家族を大切に思っています」

2) 印象深い思い出に関する質問
面接者：「人生において最も印象に残っている思い出はどのようなものですか」
患　者：「子どもが小さい頃のことです。父親がまだ生きていました。よく遊びに行きました。とても楽しかったです。父親も今はいませんし、子どもも成長して、独立していきました。今も子どもが小さかった頃のことをとてもよく覚えています。懐かしいですね。貧しかったけれど、楽しかったです。今思うと気持ちよくなります」

3) 生き生きしていた頃に関する質問
面接者：「人生において分岐点となったこと、強く影響を受けた方や出来事はありますか」
患　者：「夫が亡くなったことです。夫とはよく喧嘩もしました。しかし、今考えると、夫がいたのでいろいろと助け合って生きてきました。しかし、夫が亡くなってからは、自分で何でもしなくてはならなくなったので、大変でした」

4) 自分の役割に関する質問
面接者：「人生で、ご自分がやってきた仕事（職業、社会活動、家族役割など）のなかで、重要だと思うことはどのようなことですか。そこでは、どのようなことをされていたのですか」
患　者：「一つは子育てです。夫が亡くなってからは、自分が子どもを育てるという役割がありました。そのために一生懸命やっていました。昼も夜も働きました。子どもを学校にやらないといけないと思って、頑張ってきました」

5) 自分の誇りに関する質問
面接者：「ご自分の人生で誇りに思うことは何かございますか」
　　　　「他の人から立派だ言われるようなことよりも、自分がみて、よくやったなと思われることとかでけっこうですが」
患　者：「子育てをしながらも、私は自分が好きな介護の仕事をしてきました。つらいことも多かったです。でも利用者の人から『ありがとう』という言葉をいただくと、本当に自分を誇らしく思いました。自分の仕事を誇らしく思っています」

6) 伝えたいことに関する質問
面接者：「ご自分のことについて、ご家族や大切な方がまだ知らないけど、もっと理解してもらいたいたいことなどがありますか」
患　者：「今まで恥ずかしくて、また機会もなかったので、家族にお礼をいうことはありませんでした。今は心から感謝しています」

7) アドバイスに関する質問
面接者：「人生の先輩として、若い人やご家族に何か伝えたいアドバイスするとすれば、どのようなことでしょうか」
患　者：「子どもたちに伝えたいです。私がもしいなくなっても、兄弟で仲良く生きていってほしいですね。人生をあまり深刻に考えないでと」

8) 人生を一言で表現することに関する質問
面接者：「人生を一言で表すと何がよいでしょうか」

患　者：「地味だけと満足した人生」でしょうかね。

(面接の2回目)
9) 自分史を味わう
面接者：「前回の話をまとめてきました。一緒に見ていただいて、間違っていないか一緒に見てください」

10) 全体の感想
面接者：「人生を思い出された感想はいかがですか。人生全体を振り返って、ご自分の人生のことをどのように思われますか」
患　者：「人生で、今、病気になることは予想もしなかったことです。とてもショックでした。しかし、考えてみると、いろいろと新しく気づくこともありました。一日、一日を大切にしたいと思います」
面接者：「これで面接は終了です。自分史を差し上げますので、ご家族とか他の方とみることがあれば見て下さい」

(終了)

(4) 実践しましょう

　図5-10に、すでに質問例が用意してあります。これを実際に使って短期回想法を実践してください。

面接1回
1.「人生で一番大切だと思っておられるのは、どのようなことですか」
2.「人生で最も印象に残っている思い出はどのようなものですか」
3.「人生において、分岐点になったことはどのようなことでしょうか」
4.「人生で、ご自分が果たしてきた役割（職業、社会活動、家族役割など）はどのようなことだと思いますか」
5.「ご自分の人生で誇りに思うことは何かございますか」
6.「大切な人に伝えたい言葉はありますか」
7.「人生を一言で表すと、どのような言葉がぴったりでしょうか」

面接2回目
8.「前回のお話を自分史にまとめてみました。一緒にみてください」
9.「人生を思い出された感想はいかがですか。ご自分の人生のことをどのように今、思われますか」

図5-10　短期回想法で用いた質問の例

引用文献

1) バックマン，R.，恒藤暁『真実を伝える』診断と治療社，2000
2) 内富庸介・藤井麻衣子編『がん医療におけるコミュニケーション・スキル―悪い知らせをどう伝えるか』医学書院，2007
3) Rogers, C. R. The necessary and sufficient conditions of therapeutic personality change. Journal of Consulting Psychology, 21, 95-103.
4) 玉瀬耕治『カウンセリングの技法を学ぶ』有斐閣，2008
5) Ivery AE, Gluckstern NB, Ivey MB. Basic attending skills 3rd. edition. 福原眞知子訳『マイクロカウンセリング―基本的かかわり技法』丸善，1999

第6章 ライフレヴューの実践事例

本章では、ライフレヴューの方法を用いた実際的な事例について紹介するが、個人の情報の問題もあるので筆者が作成した架空の事例として紹介していく。

1. 終末期がん患者への構造的ライフレヴューの事例

終末期の患者を対象として、発達段階的に回想を促す構造的ライフレヴューを行った。面接では、1回の面接で、一つの発達段階を回想するというものではなかったが、ライフレヴューを契機として、生きる目的や希望がでてきた事例だったので紹介する。

患者は、渡辺さん（仮名）という50歳代の男性だった。入院して1週間経過していた。不安や悩みが多いようだったので、医師が心理的ケアとして、ライフレヴューがよいのではないかと考えて、面接者への紹介となった。医師とともに渡辺さんの部屋に行った。

（1）面接の経過

[第1回目]

面接者：「いかがですか。現在、何か気になりますか」

渡　辺：「仕事と家族です」

面接者：「仕事はどのようなことをされていますか？」

渡　辺：「会社のサラリーマンです。ある程度仕事の整理はしてますが、自分で確かめたいと思っています」

面接者：「そうですか。いつから病気に？」

渡　辺：「先週、病院を受診して、急に入院になりました。今は外泊させてくれるように先生に言っています」

面接者：「ご病気は何ですか」

渡　辺：「がんです。さすがにそう言われるとショックでした。でも日曜あたりからよくなりました。疲れるなと思っていました。仕事も徐々に落としていました。覚悟

していてもいざとなるとショックですね。一度退院して、もう一度とはもう無理だけど、せめて外泊をしたい。7、8年前から妻と二人の生活でした。ちょうど一年前、妻と「どっちかが病気になったら、はっきりと知らせあおう。そして無駄な治療はせず、最低限の治療をしよう」と話していました。まさかこうなるとは、宿命だと思う」

面接者：「何か希望のようなものを見つけることはできますか？」

渡　辺：「食事をしたいです。あとは旅行かな。今は家族とか親しい人にしか会う気がしません（少し涙ぐむ）」

面接者：「希望がかなうといいですね。次回は、人生を振り返るというライフレヴューをしてみませんか」

渡　辺：「そうですね。やってみましょう」

(第2回目)

面接者：「調子はいかがですか」

渡　辺：「食欲があります。食べたいというのが生きる気力と関係するのでしょう。前より点滴が効いてきた感じです。ちょっとでも外へ出れば気分がいいです」

面接者：「今日は、ライフレヴューをする約束だったので、今から始めますね。お生まれはどちらですか？」

渡　辺：「北海道です。中学までいました。小さい頃は贅沢はできませんでした。食べられないのが普通と思っていましたので、文句はありませんでした。一度大阪で就職しましたが、実家に帰ってきました」

面接者：「お父様はどのような方でした？」

渡　辺：「仕事をまじめにする人でした。家に牛とかいたので、それの世話とかを一緒にしながら、生き物を介して一緒にいたことを思い出します。自分も父に似ている。あまり話をする方ではありませんでした」

面接者：「お母様はどのような方でしたか？」

渡　辺：「また生まれるとしたら、この母のところがいいと思います。貧しくても愛をもっていました。仕事もしたし、子どもに優しかった（涙を浮かべる）」（略）

面接者：「人生を振り返ってみるといかがですか？」

渡　辺：「60歳まで生きようと思っていたので。そこまでは現役と考えていた。あと、残された日を生きていくようにしました」

面接者：「一週間で自分の人生設計を変えるのは大変ではなかったですか？」

渡　辺：「大変でした。でも、2、3日がショックで、それからは気分も持ち直しました」

面接者：「そうですか。気分が持ち直してよかったですね。この続きはまた次にお話しく

ださい」

㊂ 第3回目

面接者：「調子はいかがですか」

渡　辺：「いいですよ。外の世界のすばらしさに気づきます。今まで外を見てなかった。自分はどんなに外がすばらしいか感じてなかった。前にも言いましたが、私は幸福ではないが、不幸ではありません。早く死ぬことは幸福ではなく、残念です。しかし、不幸ではありません」

面接者：「告知されたことはよかったですか？」

渡　辺：「よかったです。もし、告知されなくて、やり残して死ぬのは耐えられない」

面接者：「告知された前後で何か異なりますか？」

渡　辺：「やはり人間関係が変わりました」

面接者：「大切なものが新たに見えましたか？」

渡　辺：「友人は大切です。長期入院するからといって、いろいろと頼みました。家族ももちろん」

面接者：「現在の希望とかは？」

渡　辺：「外泊することができればと。そこまでできなければ一時帰ること。外泊すると家族が心配するかな」

面接者：「一時でも帰宅できるといいですね。また、続きを次回お願いします」

㊃ 第4回目

面接者：「調子はいかがですか？」

渡　辺：「最近はいいです。食事もとれるし。貧血もない。ふらふらしない」

面接者：「食事もとれるんですか？」

渡　辺：「ええ。先生からなんでも食べていいと言われて。量は少ないですが」

面接者：「家に帰られたとか聞きましたが、どうでしたか。仕事の整理とかは？」

渡　辺：「よかったですよ。落ち着きます。仕事は他の人に頼みました。でも、今回の帰宅は試しのようなもので、どのくらいできるかをみようと思いました。夕方には病院に戻ることを思うと時間が気になりました。今週はまた外泊しようと思います。一泊できれば、みんなで食事などできるんですが」

面接者：「次々に目標が出てきていいですね。病院に戻ってからはどうですか」

渡　辺：「ええ。散歩に出ると気分が違います。階下で外を一時間ぐらいふらふらすると、部屋に帰っても閉じこめられているという感じがしません。ホテルに泊まっているような。でもいずれは動けなくなると先生からも言われています」

面接者:「そのときはどのような楽しみがあるか、外に出られなくなると?」
渡　辺:「うーん。考えます。でも明るくはしようと思っています。体力は落ちていますが、気分はいいです」
面接者:「それは不思議ですね。多くの人は体力が落ちると、気分も沈みますが…」
渡　辺:「外へ出たい、家に帰りたいと思うことが気分につながっていると思います。前向きに」
面接者:「そうですね。目標や希望があると、気分もよくなっているようですね」

⦅第5回目⦆
面接者:「こんにちは。最近は、いかがですか?」
渡　辺:「病気については、納得ができました」
面接者:「どうやって、納得できたのでしょうか?」
渡　辺:「先生や看護師さんと話すなかでかな。死ぬまで痛みや苦しみがあると嫌だなと思っていましたけど、先生たちがやわらげてくれると言ったので、落ち着きました。60歳までは第一線で働こうと思っていましたが、10年、早かった。残念ですが」
面接者:「そうですね」
渡　辺:「予想より早くなったと思いますが、前よりは気持ちが落ち着きました。仕事の整理もできました。子どもたちにも言いたいことは言えましたから。これから残された時間を大切にしていきたいと思っています。旅行も少し行きたいので、計画しています」
面接者:「旅行に行けるといいですね。悔いのない人生を送られることを応援しています。面接に応じていただき、ありがとうございました」

(2) 面接の結果

　50歳代という若さで、闘病する期間もなく、緩和ケア病棟に入院となった渡辺さんにとって、人生を整理する間もなく、「なぜ、自分が」という思いが強かったと考えられる。そのなかで、ライフレヴューをすることによって、①両親と自分が似ていることに気付き、また子どもにも伝えたいことを伝えるという世代継承性を感じることができ、人生の意味感を高めることができた。さらに、②自分が自然の一部という自然とのつながりを見つけることができ、自分を超える偉大な力に気持ちを委ねることができるようになった。③医師や看護師と話をすることで、死や痛みの恐怖に対応してもらえるということを聞いて、心の穏やかさを得ることができたようであった。これらのことから、ライフレヴューを通して、スピリチュアリティを高めることができたと考えられた。

2. 短期回想法の事例

（1） 面接の経過

　患者は、花野幸子さん（仮名）55歳の女性で、乳がんの治療を行っていたが、病気が進行しており治癒が望めない状況となった。体力も落ちて来て痛みもあり、症状を軽くするために、緩和ケア病棟への入院となった。中学生の娘が1人と夫の3人暮らしであった。何か悩んでいるところもあるようなので、ライフレヴューをすることが花野さんに良いだろうと師長が考え、臨床心理士へと紹介があった。面接の概要を示す。

面接者：「人生についてお伺いしていきますので、話せるところだけお話しして下さい。ご自分の人生で、大切に思われていることは、どういうことを大切に思われていますか」

花　野：「今まで生きてきて、今、このように病気になっても、どんな人に対しても明るくしていこうと思っています。苦しいときもあるかもしれないけど、お見舞いに来てくれる人や私を思ってくれる人に対しては、精一杯明るくしていきたいですね。自分が暗くなると周りも暗くなると思うんですよね。病気していても、充実した人生にしようと、悔いのないように今生きている。あきらめないで、前向きに精一杯生きたいと思います」

面接者：「明るくして、今を精一杯生きることが大切なことなのですね。（略）。それでは、次の質問ですが、人生のなかで印象に残っている思い出は何かございますか」

花　野：「やはり、子どもが生まれたこと、小学校の入学式や中学校の入学式のことはよく覚えています。一人っ子でしたので子どもをとても愛してきました。それぞれの入学式では、子どもが成長していく姿が嬉しくて。自分はやがてこの世を去ると思いますが、娘は生き続けてくれるので、繋がっているものを感じます」

面接者：「そうですか。子どもが成長していく姿、その節目は思い出深いものですよね。（略）。それでは次の質問なんですけど、人生での分岐点っていうか、分かれ道とか、そういうのは何かありましたか」

花　野：「分かれ道。やっぱり、病気が分かれ道だと思います。病気になるまでは普通の人生を歩んでいました。普通にパートをして、普通に働いて、普通に帰ってきて、その普通の生活ができるっていう喜びがありました。金持ちでもない、平凡かもしれんけど、その平凡の中の家族としての温かさや笑顔がありました。それがどうしても病気したことで、家族を心配させたし、家族に寂しい思いをさせてきました。入退院を繰り返してきて、やっと治療が終わったと思ったときに、すぐに

　　　　　『再発です』と言われました。治療も自分の中では頑張ってきたと思っているんです。吐きながらでも頑張ってきた。そこまで我慢してきて、再発と言われ、愕然としました。病気によって人生が変わってきました」

面接者：「病気によって生活も人生も一変したということから、最大の分岐点ですよね。（略）それでは、次の質問ですが、ご自分の人生で果たしてきた役割とかいうのは何かお感じになりますか」

花　野：「やはり、娘を育ててきたことですね。パートの仕事をしていましたので、それもしながら娘を育ててきました。一人っ子なので、わがままにならないようにとか、いろいろと気を使っていました。学校の父兄参観とかにもよく行きましたし、休みにもいろいろと遊びに連れていったりしました。病気になってからは、私がいなくなって困らないように家事を教えてきました」

面接者：「娘さんを今まで育ててきたことが、人生での役割ということですね。現在は、家事も一人でできるように自立されているのですね。（略）。それでは、花野さんが誇りに思ってることはどのようなことですか？　あまり世間で言われるような誇りまでいかなくても、自分の中ではよく頑張ったなとか思うことは何かございますか？」

花　野：「自分では、余命のことを言われても落ち込んでないことを誇りに思っています。人から見ると小さなことかもしれませんが、落ち込んでいないことが誇りかなと思います。娘は、私の病気のことは知っていますが、余命のことまでは知りません。母親としての役割をまっとうできませんが、病気になっても明るくいることで、母親としての役割を終えたいと思います」

面接者：「そうですか。素晴らしいことですね。母親としての生き方を示すようで。まだ時間もあるので、母親としての役割をすることはいろいろあると思います。（略）それでは、大切な方に何か伝えたいことはありますか」

花　野：「うーん、学校にしっかり行って、立派な一人の社会人に育ってほしいですね。私はもうすぐ死んで、娘の成長を見ることはできませんが、娘が悩んだときは、父親や親せきに相談しながら、進んで行ってほしいですね。『母親がいないから』と言って屈折しないでほしい。私はいつでも天国から娘の成長を見守っているでしょう」

面接者：「娘さんには、一人の社会人となって、父親と仲良く生きて行ってほしいということを伝えたいのですね。わかりました。（略）それでは最後に、ご自分の人生を一言で表すとどんな人生だと表現できますか」

花　野：「そうですね。『この葉にのって川を流れてきた人生』でしょうか。人は川の流れに逆らうことはできません。私は、その流れにのって自然に今まで生きてきた

という感じです。何かに抗うこともなく、今からもそうやって流れていくでしょう。自然に流れた良い人生だと思います。山あり、谷ありの人生でしたが、自分なりに満足している人生です。残された時間で娘と旅行に行くつもりです。楽しい思い出を作ります」

面接者：「これからも、流れにのって自然に流れていくというのはいいですね。本日は、どうも、ありがとうございました」

（2）　面接の結果

　花野さんは、まだ若く、中学生の娘に余命の話をすればよいのか、どのように伝えていけばよいのかなどについて、苦悩していた。また、自分がさまざまな苦悩を抱えながらも、あまり人と辛いことを語ることはなく、明るく振舞っているように見えた。そのようなとき、ライフレヴューを実施したことで以下のように変わったようであった。①一番大切なものが、家族や娘であることを再確認できた、②人生で最も印象に残る、嬉しかった子どもの誕生や入学式を思い返し、今後も母親としての役割を果たすために生きる希望をみつけた、③自分がやがて死ぬかもしれないと予想し、残されるだろう子どもにどのように生きてほしいかを伝える心の準備ができた、④人生の総括として、人生に肯定的な評価を加えることができた。これらから残された時間を充実して過ごす課題が見えてきたように思われた。

3．遺族へのライフレヴュー（ビリーブメント・ライフレヴュー）の事例

（1）　面接の経過

　面接の対象は46歳の女性で、3年前に夫を亡くしていた村田さん（仮名）だった。現在の家族は、村田さんと中学生と高校生の子どもの3人家族だった。夫は体調が悪いなかも仕事に行っていたところ、会社の健診で異常がわかったが、病院で検査したときには、治療ができないと言われて、緩和ケア病棟の紹介となった。夫は、半年闘病した後に他界して、3年が経過したところであった。

面接者：「早速ですが、村田さんの人生でどのようなことを大切にされていらっしゃるんでしょうか？」

村　田：「家族です。夫も含めて子どもたちです。私は、夫が病気になって、病院で介護ばかりしていました。介護では、自分が夫のために役に立っているという喜びが

ありました。そして、息子たちも、自分たちで家事を手分けしてやるなどしてくれました。自分たちの勉強やクラブ活動などがあって忙しいのに、子どもたちはよく家族のためにしてくれました。この病気によって、家族は絆を深めることができました」

面接者:「家族を大切にしてこられ、病気によって一層、家族の絆が強くなったのですね。（略）　それでは、次の質問ですが、ご主人との思い出で、何か印象に残っている思い出とかいうのは、どんなことが特に印象に残っていますか」

村　田:「いろいろと大きな出来事やイベントはたくさんありました。だけど、今、思い出すことは、動物が好きだったということです。生き物に対する愛情があったのだと思います。子どもたちも動物が好きになり、犬を一緒に飼うようになりました。子どもたちは、『自分たちが飼うから』と言って飼いましたが、結局は夫が世話をしていました。いつも笑っていて、楽しい人でした。今はそのような日常のことをよく思い出します」

面接者:「生き物をかわいがる、優しい方だったのですね。（略）それでは次の質問ですが、緩和ケア病棟での生活で印象に残っていること、思い出すことはどんなものですか？」

村　田:「桜を見たことと、その頃に亡くなったことが印象に残っています。ちょうど、桜の時期だったんですね。非常にきれいな桜が植えられてありました。それからは思い出すので桜が見れなくなりました。桜を散歩で見ながら、主人も『最後の桜だね』と言っていました。その日の夕方ぐらいに悪くなりました。子どもたちを呼んでる間に急に悪くなりました。子どもが学校から呼ばれて病院に来ました。主人は、子どもに一人一人を呼んで、言っておきたいことを言っていました。息子たちも泣いていました。私も泣いていましたが、主人が最後にみんなに『ありがとう。これからも家族でしっかり生きていってね』と言って息をひきとりました。それからは、みんな号泣しました。しかし、一生懸命家族で夫を支えてきたのだから後悔はしていません」

面接者:「最後のお別れもできて、家族で支えてきた介護の日々だったのですね。心残りがなくてよかったです。（略）。それでは次の質問ですが、今回のご主人の介護や死を通して、何かご自分自身の成長とか、変わったなとかいうようなところとかはありますか？」

村　田:「今回、喪失感ということの大きさを知りました。喪失感というのは普通の苦労とかじゃなくて、やはり同じ立場の人じゃないとわからないと思います。喪失っていうこと自体が。今回、それがわかったので、人の喪失感というのが理解できるかな。ものすごいものがあります。人を亡くされた人の悲しみを自分も感じる

ことができたと思います」
面接者：「やはり、体験した人でないとわからないのですね。そのことが今後につながるとよいですね（略）。それでは次の質問ですが、ご自分が人生で果たしてきた役割とか、そういうものとかいうのはお考えになったことはありますか？」
村　田：「夫を支えて介護するという妻の役割と同時に、子どもも学校に行っていますので、母親としての役割を同時にするということでした。朝、子どもを学校に送り出して、パートに行って、夕方食事を作って、病院に行きました。しばらく夫と話をしたりして、9時前に病院を出て、帰宅して家事をするということの繰り返しでした。夫も大事でしたが、子どもにも辛い思いをさせていましたので、母親の仕事もしっかりしなければという気持ちでやってきました」
面接者：「妻と母親の役割をしながら仕事をするということは、大変なことだったと推察されますね（略）。それでは、今までの人生で誇りに思うことはどのようなことでしょうか」
村　田：「私は、泣きごとは言っておれないという気持ちで頑張ってきました。夫が病気になり、経済的にも厳しくなってきました。私のパートだけの収入では大変きついものがありました。しかも、息子二人の学費など負担が大きいなか、医療費もかかります。時間的にも、いつも夜遅く寝て朝早く起きるということの繰り返しでやっていましたので、体力的にも、精神的にも、ぎりぎりな感じでした。しかし、私が暗い気持ちになったらみんな暗い気持ちになります。私しかいないと思って、明るい気持ちでみんなを支えてきました。これが私の誇りとしていることです」
面接者：「どんなに辛い状況でも、明るく、家族を支えてきたことが、村田さんの誇りになっているのですね。今まで頑張ってこられたように、今後も家族を大切にして、生きていかれることと思います。本日は、どうもありがとうございました」

（2）面接の結果

　ライフレヴューを通して、①村田さんは、語るときに涙を流すことも多かったが、それは、悲しみというより、夫と一緒にいた生き生きとした充実した時間を再体験することができているようであり、介護体験を納得していた。②自分の役割や誇りを再確認し、今後の生きる課題や希望を見いだしているようであった。村田さんは、過去と現在をつないで、さらに未来に生きる方向を探し始めているようであった。これらのことから、遺族へのケアとしてライフレヴューは充分に有効だと考えられ、発展させる必要があろう。

あとがき

　近年、ナラティブセラピー、ライフヒストリー、回想法など、語ることを活用した研究やケアの方法についての書物はますます増えてきている。しかしながらライフレヴュー、とりわけ、生や死をテーマとした書物はまだ少ない段階であり、その点において、本書はその第一歩であると言えよう。本書の高齢者を対象としたライフレヴューの研究は、今後、高齢者一人一人を尊重したケアの発展につながり、人はどのように老いを迎えていくのかを考える指針となると思われる。また、がん患者を対象とした研究では、人はいかに死をイメージさせるがんとともに生き、また自分の生を終えるのか、そして遺族はどのようにして、その悲しみを乗り越えていくのかを知る契機になると思われる。これらの語りの中から人はいかに自分の人生を再構築し、未来に向かって生きていくのかを私たちは知ることができると考えられる。2011年3月には東日本大震災という、大災害が起こり、今までのその方の人生設計を大きくくるわせることになった。人々は、大きな悲しみに見舞われた。しかし、1年が経過し、その悲しみの中からも希望をみつけようとしている。このような背景の時、本書を通して、一人でも多くの方が希望をもち、歩み始めることに役立つことを願っている。

　ライフレヴューの枠組みで考えると、長い歴史のなかで、ライフレヴューに焦点を当てた本書は、現時点では新しく、アイデンティティをもつことができる。そして、本書を端緒として、次の新しい研究が出てくることによって、次の世代への橋渡しの役割を少しでも果たすことができればと考える。今後の発展に役に立つことを願い、本書を世に送り出すことができたことを心から喜ばしいことと思う。最後に、短期回想法を共に発展させてきていただいた、聖隷三方原病院の森田達也先生に心より深謝申し上げる。また、本書の発行に御尽力いただいた大学教育出版の佐藤守様と安田愛様に深く御礼申し上げたい。

2012年4月

著　者

■ 著者略歴

安藤　満代　（あんどう　みちよ）

　　九州大学文学部博士後期課程退学（文学博士）
　　九州大学文学部助手、九州大学医療技術短期大学部講師、
　　群馬大学助教授を経て、現在聖マリア学院大学教授、聖マ
　　リア学院大学院教授
　　看護師（R. N）、臨床心理士、カウンセリング学会認定カウ
　　ンセラー

医療と看護ケアのためのライフレヴュー

2012 年 5 月 20 日　初版第 1 刷発行

- ■ 著　　者 ── 安藤満代
- ■ 発 行 者 ── 佐藤　守
- ■ 発 行 所 ── 株式会社 大学教育出版
  　　　　　　　〒 700-0953　岡山市南区西市 855-4
  　　　　　　　電話（086）244-1268　FAX（086）246-0294
- ■ 印刷製本 ── サンコー印刷㈱

© Michiyo Ando 2012, Printed in Japan
検印省略　　落丁・乱丁本はお取り替えいたします。
無断で本書の一部または全部を複写・複製することは禁じられています。
ISBN978-4-86429-148-4